www.ingramcontent.com/pod-product-compliance
Lightning Source LLC
LaVergne TN
LVHW010428070526
838199LV00066B/5954
* 9 7 8 9 3 5 8 7 2 4 9 2 9 *

غالب کون ہے

(انشائیے)

ابن انشاء

© Taemeer Publications LLC

Ghalib kaun hai *(Humorous Essays)*
by: Ibn-e-Insha
Edition: October '2024
Publisher :
Taemeer Publications LLC (Michigan, USA / Hyderabad, India)

ISBN 978-93-5872-492-9

مصنف یا ناشر کی پیشگی اجازت کے بغیر اس کتاب کا کوئی بھی حصہ کسی بھی شکل میں بشمول ویب سائٹ پر اَپ لوڈنگ کے لیے استعمال نہ کیا جائے۔ نیز اس کتاب پر کسی بھی قسم کے تنازع کو نمٹانے کا اختیار صرف حیدرآباد (تلنگانہ) کی عدلیہ کو ہو گا۔

© تعمیر پبلی کیشنز

کتاب	:	**غالب کون ہے** (انشایئے)
مصنف	:	**ابن انشاء**
صنف	:	طنز و مزاح
ناشر	:	تعمیر پبلی کیشنز (حیدرآباد، انڈیا)
سالِ اشاعت	:	۲۰۲۴ء
صفحات	:	۸۶
سرورق ڈیزائن	:	تعمیر ویب ڈیزائن

فہرست

(۱)	غالب کون ہے	6
(۲)	نجات کا طالب، غالب	11
(۳)	کسٹم کا مشاعرہ	21
(۴)	ہم پھر مہمان خصوصی بنے	30
(۵)	سرکاری یوم اقبال	35
(۶)	فیض اور میں	41
(۷)	جنتری نئے سال کی	49
(۸)	رامائن اور مہابھارت	56
(۹)	چند سبق آموز کہانیاں	60
(۱۰)	سوئی میں اونٹ کیسے ڈالا جائے	66
(۱۱)	بٹیر کی نہاری	72
(۱۲)	چند اشتہار	78
(۱۳)	چند غیر ضروری اعلانات	83

پوچھتے ہیں وہ کہ غالب کون ہے

آج کل شہر میں جسے دیکھو، پوچھتا پھر رہا ہے کہ غالب کون ہے؟ اس کی ولدیت، سکونت اور پیشے کے متعلق تفتیش ہو رہی ہے۔ ہم نے بھی اپنی سی جستجو کی۔ ٹیلی فون ڈائریکٹری کو کھولا۔ اس میں غالب آرٹ اسٹوڈیو تو تھا لیکن یہ لوگ مہ رخوں کے لیے مصوری سیکھنے اور سکھانے والے نکلے۔ ایک صاحب غالب مصطفے ہیں جن کے نام کے ساتھ ڈپٹی ڈائریکٹر فوڈ لکھا ہے۔ انہیں آٹے دال کے بھاؤ اور دوسرے مسائل سے کہاں فرصت ہو گی کہ شعر کہیں، غالب نور اللہ خاں کا نام بھی ڈائریکٹری میں ہے لیکن ہمارے موکل کا نام تو اسد اللہ خاں تھا جیسا کہ خود فرمایا ہے۔

اسد اللہ خاں تمام ہوا

اے دریغا وہ رند شاہد باز

بے شک بعض لوگ اس شعر کو غالب کا نہیں گنتے۔ ایک بزرگ کے نزدیک یہ اسد اللہ خاں تمام کوئی دوسرے شاعر تھے۔ ایک اور محقق نے اسے غالب کے

ایک گمنام شاگرد دریغا دہلوی سے منسوب کیا ہے لیکن ہمیں یہ دیوان غالب ہی میں ملا ہے۔ ٹیلی فون ڈائریکٹری بند کر کے ہم نے تھانے والوں کو فون کرنے شروع کیے کہ اس قسم کا کوئی شخص تمہارے روزنامچے یا حوالات میں ہو تو مطلع فرماؤ کیونکہ اتنا ہم نے سن رکھا ہے کہ کچھ مرزا صاحب کو اک گونہ بیخودی کے ذرائع شراب اور جوئے وغیرہ سے دلچسپی تھی اور کچھ کوتوال ان کا دشمن تھا۔ بہرحال پولیس والوں نے بھی کان پر ہاتھ رکھا کہ ہم آشنا نہیں، نہ ملزموں میں ان کا نام ہے نہ مفروروں میں، نہ ڈیفنس رولز کے نظربندوں میں، نہ اخلاقی قیدیوں میں، نہ تین میں نہ تیرہ میں۔

مرزا ظفرالحسن ہمارے دوست نے مرزا رسوا کو رسوائی کے مقدمے سے بری کرانے کے بعد اب مرزا غالب کی یاد کا بیڑا اٹھایا ہے۔ مرزا کو مرزا ملے کر کر لمبے ہاتھ۔ پچھلے دنوں انہوں نے ایک ہوٹل میں ادارہ یادگارِ غالب کا جلسہ کیا تو ہم بھی کچے دھاگے میں بندھے پہنچ گئے۔ ظفرالحسن صاحب کی تعارفی تقریر کے بعد صہبا لکھنوی نے تھوڑا سا تندی صہبا سے موضوع کے آبگینے کو پگھلایا۔

اس کے بعد لوگوں نے مرزا جمیل الدین عالی سے اصرار کیا کہ کچھ تو کہیے کہ لوگ کہتے ہیں۔ وہ نہ نہ کرتے رہے کہ ہے ادب شرط منہ نہ کھلواؤ لیکن پھر تاب سخن نہ کر سکے اور منہ سے گھنگنیاں نکال کر گویا ہوئے۔ غالب ہرچند کہ اس بندے کے عزیزوں میں تھا لیکن اچھا شاعر تھا۔ لوگ تو اسے اردو کا سب سے اونچا

شاعر کہتے ہیں۔ مرزا ظفر الحسن قابل مبارک باد ہیں کہ اس کے نام پر منظوم جلسہ یعنی بیت بازی کا مقابلہ کرا رہے ہیں اور اسے کسوٹی پر بھی پرکھ رہے ہیں لیکن اس عظیم شاعر کی شایانِ شان دھوم دھامی صد سالہ برسی کے لیے ہندوستان میں لاکھوں روپے کے صرف کا اہتمام دیکھتے ہوئے ہم بھی ایک بڑے آدمی کے پاس پہنچے کہ خزانے کے سانپ ہیں اور ان سے کہا کہ گل پھینکے ہیں اوروں کی طرف بلکہ ثمر بھی۔ کچھ غالب نام آور کے لئے بھی ہونا چاہیے ورنہ،

طعنہ دیں گے بت کہ غالب کا خدا کوئی نہیں ہے۔

ان صاحب نے کہا، "آپ غالب کا ڈومی سائل سرٹیفیکٹ لائے؟" یہ بولے، "نہیں۔" فرمایا، "پھر کس بات کے روپے مانگتے ہو، وہ تو کہیں آگرے، دلی میں پیدا ہوا، وہیں مر کھپ گیا۔ پاکستان میں شاعروں کا کال ہے۔" عالی صاحب نے کہا، "اچھا پھر کسی پاکستانی شاعر کا نام ہی بتا دیجیے کہ غالب کا سا ہو۔" بولے، "میں زبانی تھوڑا ہی یاد رکھتا ہوں۔ شاعروں کے نام، اچھا اب لمبے ہو جایئے، مجھے بجٹ بنانا ہے۔"

خیر ہندوستان کے شاعر تو ہندوستانیوں ہی کو مبارک ہوں۔ خواہ وہ میر ہوں یا انیس ہوں یا امیر خسرو ساکن پٹیالی واقع یوپی لیکن غالب کے متعلق ایک اطلاع حال میں ہمیں ملی ہے جس کی روشنی میں ان سے تھوڑی رعایت برتی جا سکتی ہے۔ ہفت روزہ قندیل لاہور کے تماشائی نے ریڈیو پاکستان لاہور سے ایک اعلان سنا کہ اب

اردن کے مشہور شاعر غالب کا کلام سنیے۔ یہ بھی تھا کہ "اردن کو مرزا غالب پر ہمیشہ ناز رہے گا۔" تو گویا یہ ہمارے دوست ملک اردن کے رہنے والے تھے۔ تبھی ہم کہیں کہ ان کا ابتدائی کلام ہماری سمجھ میں کیوں نہیں آتا اور عربی فارسی سے اتنا بھرپور کیوں ہے اور کسی رعایت سے نہیں تو اقربا پروری کے تحت ہی ہمیں یوم غالب کے لیے روپے کا بندوبست کرنا چاہیے کہ اردن سے ہماری حال ہی میں رشتے داری بھی ہوگئی ہے۔ لیکن یاد رہے کہ صد سالہ برسی فروری میں ہے۔ فردوسی کی طرح نہ ہو کہ ادھر اس کا جنازہ نکل رہا تھا۔ ہاتھ خالی کفن سے باہر تھا اور ادھر خدام ادب اشرفیوں کے توڑوں کا ریڑھا دھکیلتے غزنی کے دروازے میں داخل ہو رہے تھے۔

عالی صاحب کا اشارہ تو خدا جانے کس کی طرف تھا۔ کسی سیٹھ کی طرف یا کسی اہل کار کی طرف۔ لیکن مرزا ظفر الحسن صاحب نے دوسرے روز بیان چھپوا دیا کہ ہم نے حکومت سے کچھ نہیں مانگا، نہ اس کی شکایت کرتے ہیں، جو دے اس کا بھلا جو نہ دے اس کا بھی بھلا۔ یہ شکوہ شکایت ادارہ یادگارِ غالب کے حساب میں نہیں، مرزا جمیل الدین عالی کے حساب میں لکھا جائے، ہم تو پنسلیں بیچ کر یوم غالب منائیں گے۔"

ہم نے پہلے یہ خبر پڑھی تو "پنسلین" سمجھے اور خیال کیا کہ کہیں سے مرزا صاحب کو "پنسلین" کے ٹیکوں کا ذخیرہ ہاتھ آگیا ہے۔ بعد ازاں پتا چلا کہ

نہیں۔۔۔ وہ پنسلیں مراد ہیں جن سے ہم پاجاموں میں ازار بند ڈالتے ہیں اور سگھڑ بیبیاں دھوبی کا حساب لکھتی ہیں۔ خیر مرزا ظفرالحسن صاحب کا جذبہ قابل تعریف ہے لیکن دو مرزاؤں میں تیسرے مرزا کو حرام ہوتے ہم نہیں دیکھ سکتے۔ حکومت سے غالب یا کسی اور شاعر کے نام پر کچھ مانگنا یا شکوہ کرنا کوئی جرم تو نہیں، آخر یہ کسی راجے یا نواب کی شخصی حکومت تھوڑا ہی ہے۔ خزانہ عامرہ کا پیسہ ہمارے ہی ٹیکسوں کا پیسہ ہے۔ اب یہ تو ٹھیک ہے کہ انجمن ترقی اردو والے یا ڈاکٹر حمید احمد خان اس موقع پر کچھ کتابیں چھاپ رہے ہیں اور مرزا ظفرالحسن صاحب منظوم جلسے کا اہتمام کر رہے ہیں یا غالب کو کسوٹی پر پرکھ رہے ہیں، لیکن یہ تو کچھ بھی نہیں۔ چار کتابوں کا چھپنا اور منظوم جلسے میں ہم ایسے شاعروں کا غالب کی زمینوں میں ہل چلانا حق سے ادا ہونا تو نہ ہوا۔ وہ مرحوم تو بڑی اونچی نفیس طبیعت کے مالک تھے۔

منزل اِک بلندی پر اور ہم بنا لیتے
عرش سے پرے ہوتا کاش کہ مکاں اپنا

***

نجات کا طالب، غالب

(چند خطوط)

(۱)

"لو مرزا تفتہ ایک بات لطیفے کی سنو۔ کل ہر کارہ آیا تو تمہارے خط کے ساتھ ایک خط کراچی بندر سے منشی فیض احمد فیض کا بھی لایا جس میں لکھا ہے کہ ہم تمہاری صدسالہ برسی مناتے ہیں۔ جلسہ ہوگا جس میں تمہاری شاعری پر لوگ مضمون پڑھیں گے۔ بحث کریں گے۔ تمہاری زندگی پر کتابیں چھپیں گی۔ ایک مشاعرہ کرنے کا ارادہ ہے۔ تم بھی آؤ اور خرچہ آمد و رفت کا پاؤ۔ دن کی روٹی اور رات کی شراب بھی ملے گی۔ بہت خیال دوڑایا، سمجھ میں نہ آیا کہ یہ صاحب کون ہیں۔ ان سے کب اور کہاں ملاقات ہوئی تھی۔ اگر شاعر ہیں تو کس کے شاگرد ہیں۔ بارے منشی ہیرا سنگھ آئے اور دریافت ہوا کہ ادھر لاہور اور ملتان کی عملداری میں ان کا نام مشہور ہے۔ متوطن سیالکوٹ کے ہیں کہ لاہور سے آگے ایک بستی ہے جہاں کھیلوں کا سامان اور شاعر اچھے بنتے ہیں۔ ایسے کہ نہ صرف ملک کے اندر ان کی مانگ ہے بلکہ دساور کو بھی بھیجے جاتے ہیں۔

ان میاں فیض کے متعلق بھی منشی ہیر اسنگھ نے بتایا کہ اکثر یہاں سے دساور بھیجے جاتے ہیں۔ وہاں سے واپس کیے جاتے ہیں لیکن یہ پھر بھیجے جاتے ہیں۔ ادھر جو ماورائے قفقاز روس کی سلطنت ہے، وہاں کا والی ان کی بہت قدر کرتا ہے۔ اپنے ہاں انعام صد ہزاری بھی بخشا ہے کہ لینن انعام کہلاتا ہے اور کسی کسی کو ملتا ہے۔ یہ قصیدہ اچھا ہی کہتے ہوں گے۔ لیکن اپنی اپنی قسمت کی بات ہے۔ دلی کا قلعہ آباد تھا تو بادشاہ کا قصیدہ اور جوان بخت کا سہرا ہم نے بھی لکھا تھا۔ غفران مآب نواب رامپور کی مدح میں بھی اکثر اشعار لکھے اور ملکہ وکٹوریہ کا قصیدہ کہہ کر بھی لیفٹننٹ گورنر کے توسط سے گزرانا لیکن کبھی اتنی یافت نہ ہوئی کہ ساہوکار کا قرضہ چکتا کرتے۔

اتنی سرکاریں دیکھیں، آمدنی اب بھی وہی ایک سو باسٹھ روپے آٹھ آنے۔ فتوح کا اعتبار نہیں آئے آئے نہ آئے نہ آئے۔ منشی ہیر اسنگھ نے یہ بھی بتایا کہ یہ فیض احمد فیض انگریزی داں ہیں، پھر بھی آدمی نیک اور شستہ ذات کے ہیں۔ کسی مدرسے میں لڑکے پڑھاتے ہیں۔ لڑکے پڑھانے والوں کے متعلق میری رائے اچھی نہیں۔ وہ مرد مجہول منشی امین الدین قاطع قاطع والا بھی تو پٹیالے میں راجا کے مدرسے میں مدرس تھا۔ لیکن خیر یہ آدمی اچھے ہی ہوں گے۔ خط تو بڑی محبت اور ارادت کا لکھا ہے۔ شروع خط میں چھاپے کے حرفوں میں ادارہ یادگار غالب بھی مرسوم ہے۔

اچھا ایک بات کل کے خط میں لکھنا بھول گیا تھا۔ منشی شیونرائن سے کہو کہ

دیوان کا چھاپا روک دیں کہ ایک سوداگر کتابوں کا بلاد پنجاب سے آیا ہوا ہے۔ شیو نرائن سے ہماری شرط تھی کہ وہ چھاپے تو پچاس نسخے احباب میں تقسیم کرنے اور صاحبان عالیشان کی نذر گزارنے کے لیے بایں تھی دستی وبے زری اسے قیمتاً لیں گے تاکہ اس پر بار نہ پڑے لیکن یہ شخص اس شرط پر چھاپنے کو آمادہ ہے کہ ہمیں کچھ نہیں دینا پڑے گا۔ بلکہ وہ پانچ نسخے حق تصنیف میں ہم کو دے گا۔ جب کہ شیو نرائن اور دوسرے مطبع والے ایک نسخہ دیتے تھے۔ بہت اخلاق کا آدمی معلوم ہوتا ہے۔ آتے ہوئے دو شیشے شراب انگریزی کے بھی لایا تھا۔ میں نے وعدہ کر لیا ہے۔ ہاں تو وہ صدی والی بات رہی جاتی ہے۔ اسی سے دیکھ لو کہ عناصر میں اعتدال کی کیا حالت ہے۔ سوچتا ہوں، جاؤں کہ نہ جاؤں؟ ہنڈی بھیج دیتے تو کوئی بات بھی تھی۔ بعد میں یہ لوگ کرایہ آمد ورفت بھی دیں یا نہ دیں۔ نہیں بابا۔ نہیں جاتا۔ میں نہیں جاتا۔

نجات کا طالب

غالب

(۲)

سعادت و اقبال نشاں مرزا علاؤ الدین خاں بہادر کو فقیر اسد اللہ کی دعا پہنچے۔ لو صاحب یہ تمہارا پوتا، فرخ مرزا کا بیٹا مرزا جمیل الدین عالی انعام اور جاگیریں بانٹنے لگا۔ یہ حال اکمل الاخبار سے کھلا۔ تم نے تو نہ بتایا۔ لوہارو سے میر اشرف علی آئے تو

یہ بھی پتہ چلا کہ یہ عزیز لوہارو چھوڑ ادھر کہیں سندھ میں جانوکر ہوا۔ پہلے سرکار عالی کی پیشی میں تھا۔ اب کسی ساہوکارے کے کارخانے میں منصرم ہے۔ اتنی دور کیوں جانے دیا؟ نوابوں اور رئیسوں کے لڑکے سیٹھوں ساہوکاروں کے متصدی ہوئے۔ ہاں صاحب شاہی لد گئی تو کچھ بھی نہ رہا۔ عالی شائد تخلص ہے۔ شعر کہتا ہوگا۔ اللہ ترقی دے۔ کس سے اصلاح لیتا ہے؟

ہاں تو وہ انعام جاگیر والی بات۔ اکمل الاخبار والے مضمون میں تھا کہ سال بھر میں جو دیوان یا قصے کہانیاں وغیرہ از قسم داستان امیر حمزہ چھپتے ہیں، اسی عزیز کے سامنے پیش ہوتے ہیں۔ یہ ان کو جانچتا ہے اور جو کلام پسندیدہ ٹھہرے اس پر انعام دیتا ہے۔ کسی کو پانچ ہزار، کسی کو دس ہزار، کسی کو کم بھی۔ ہزار دو ہزار بھی۔ یہ جو میرا اردو کا کلام کانپور میں چھاپا ہوا ہے، مطبع والے نے بامید انعام بھجوایا تھا۔ وہ تو مصر تھا کہ اس کے ساتھ ایک قصیدہ بھی خوش خط لکھوا کر طلائی جدول کے ساتھ بھیجا جائے۔ لیکن میں نے اسے ضروری نہ جانا کہ تعلقات میرے تم لوگوں سے عزیزداری کے کسی سے مخفی نہیں۔ میں تو اس کے بعد ہنڈی کے انتظار میں بیٹھا تھا۔ الٹا مطبع والوں کے نام لفافہ آیا کہ فارم بھر کے بھیجو۔ چھ جلدیں داخل کرو اور پھر مصنفوں کی کمیٹی کے فیصلے کا انتظار کرو۔

یہ بھی لکھا تھا کہ مرزا جمیل الدین عالی فقط انعام کی رقوم کا امانتدار ہے۔ فیصلے کا کچھ اور صاحبان علم کی رائے پر انحصار ہے۔ مطبع والے نے ان لوگوں کے نام

دریافت کیے۔ اس کا بھی کوئی جواب نہ آیا۔ اب اکمل الاخبار کہتا ہے کہ ایک انعام سراج الدین ظفر کو ملا۔ میں سمجھا شاہ نے رنگون میں کلام چھپوا کر بھیجا ہوگا۔ لیکن بات جی کو نہیں لگتی تھی کہ وہ سرکار تو انعام دینے والی تھی۔ اب وضاحت ہوئی کہ یہ اور صاحب ان کے ہم نام ہیں لیکن شاعر اچھے ہیں۔ ان کے ساتھ یہ بھی تھا کہ ایک اور صاحب نے انعام پایا لیکن ناخوش ہو کر لوٹا دیا کہ مجھے ضرورت نہیں۔ اللہ اللہ کیسے مستغنی لوگ ہیں۔ پورے ایک ہزار کا انعام تھا۔

صاحب میں دوبارہ لکھتا ہوں کہ اب وہ زمانہ نہیں کہ ادھر متھرا داس سے قرض لیا۔ ادھر درباری مل کو مارا۔ ادھر خوب چند چین سکھ کی کوٹھی جا لوٹی۔ ہر ایک کے پاس تمسک مہری موجود۔ شہد لگاؤ، چاٹو۔ پھر کبھی خان نے کچھ دے دیا کبھی الور سے کچھ دلا دیا۔ میر امختار کار بنیا سود ماہ بماہ چاہے۔ گویا سود جدا، مول جدا، چوکیدار جدا، بی بی جدا، بچے جدا، شاگرد پیشہ جدا، آمد وہی کہ تھی۔ اب کہ جو یہ بلیا پنشن کے مجتمعہ دو ہزار لایا، اس نے اپنے پاس رکھ لیے کہ پہلے میرا حساب کیجیے۔ سات کم پندرہ سو روپے اس کے ہوئے۔ قرض متفرق گیارہ سو روپے۔ پندرہ اور گیارہ سو چھبیس سو روپے۔ یعنی دو ہزار مل کر بھی چھ سو روپے گھاٹا۔

یہ جو ایک ہزار روپے ان شاعر مستغنی الاحوال نے اپنے مقام سے فروتر پا کر لوٹا دیے ہیں، غالب غریب کو مل جاتے تو کم از کم اب تک کا قرض صاف ہو جاتا۔ شاعری سے بس یہی تو یافت تھی کہ قصیدہ لکھا، انعام پایا۔ اب وہ سرکاریں نہ رہیں۔

کتاب چھپواؤ تو مطبع والا مشکل سے راضی ہوتا ہے۔ کہتا ہے اتنی جلدیں خریدو۔ اپنے دوستوں کے پاس بکواؤ، تب ہاتھ لگاتا ہوں۔ یہ تصانیف پر انعام و کرام والا قصہ نیا ہے۔ اگر تم اس عزیز کو دو حرف لکھ دو تو بڑی بات ہو۔ اس بات کا میں برا نہیں مانتا کہ کلام ان کو یا ان کی کمیٹی کو پسند نہیں آیا۔ مروت بھی کوئی چیز ہوتی ہے۔ کسی اور سے نہ کہتا۔ تم سے واجب جان کر کہہ دیا کہ اتنا خیال کرتے ہو۔ محبت کا دم بھرتے ہو۔

راقم

غالب

(۳)

"ہاہاہا۔ میرا پیارا امیر مہدی آیا۔ غزلوں کا پشتارہ لایا۔ ارے میاں بیٹھو۔ شعر و شاعری کا کیا ذکر ہے۔ یہاں تو مکان کی فکر ہے۔ یہ مکان چار روپے مہینے کا ہر چند کہ ڈھب کا نہ تھا لیکن اچھا تھا۔ شریفوں کا محلہ ہے۔ پہلے مالک نے بیچ دیا۔ نیا مالک اسے خالی کرانا چاہتا ہے۔ مدد لگا دی ہے۔ پاڑ باندھ دی ہے۔ اسی دو گز چوڑے صحن میں رات کو سوتا ہوں۔ پاڑ کیا ہے۔ پھانسی کی ٹکٹکی نظر آتی ہے۔ منشی حبیب اللہ ذکا نے ایک کوٹھی کا پتہ دیا تھا جو شہر سے باہر ہے۔ سوار ہوا۔ گیا۔ مکان تو پر فضا تھا۔ احاطہ بھی، چمن اور گل بوٹے بھی۔ لیکن حویلی اور محل سرا الگ الگ نہ تھے۔ ڈیوڑھی بھی نہ تھی۔ بس ایک پھاٹک تھا۔ کمرے اور کوٹھریاں خاصی۔ کمروں کے ساتھ کولکیوں

میں چینی مٹی کے چولہے سے بھی بنے تھے۔ معلوم ہوا بیت الخلاء ہیں۔ صاحبان انگریزان پر چڑھ کر بیٹھتے ہیں۔ ایک زنجیر کھینچتے ہی پانی کا تریڑا آتا ہے۔ سب کچھ بہالے جاتا ہے۔

عجیب کارخانہ ہے۔ میں نے کرایہ پوچھا اور جھٹ کہا پانچ روپے منظور۔ ایک روپیہ زائد کی کچھ ایسی بات نہیں۔ لیکن مالک مکان کا کارندہ ہنسا اور بولا۔ پانچ روپے نہیں مرزا صاحب! پانچ سوروپے۔ میں نے کہا۔ خریدنا منظور نہیں۔ کرائے پر لینا ہے۔ وہ مردک سر ہلا کر کہنے لگا۔ پانچ سو کرایہ ہے اور دوسال کا پیشگی چاہیے یعنی بارہ ہزار دو اور آن اترو۔ یہاں چتلی قبر کے پاس دھنا سیٹھ نے حویلی ڈھا کر اونچا اونچا ایک مکان بنایا ہے۔ دو دو تین تین کمرے کے حصے ہیں۔ کلیان کو بھیجا تھا۔ خبر لایا کہ وہ پگڑی مانگتے ہیں۔ میں حیران ہوا۔ تمہیں معلوم ہے، میں پگڑی عمامہ کچھ نہیں باندھتا۔ ٹوپی ہے ورنہ ننگے سر۔ لوہارو والوں کے ہاں سے جو پگڑی پارسال ملی تھی، وہ نکلوا کے بھجوادی کہ دیکھ لیں اور اطمینان کرلیں کہ مکان ایک مرد معزز کو مطلوب ہے۔ وہ الٹے پاؤں آیا کہ یہ دستار نہیں چاہیے رقم مانگتے ہیں دس ہزار۔ کرایہ اس کے علاوہ ساٹھ روپے مہینہ۔ بڑے بدمعاملہ لوگ ہیں۔ آخر پگڑی پھر صندوق میں رکھوادی۔ یہ مالک مکان کل آتا ہے۔ دیکھیے کیا کہتا ہے۔

میرن صاحب آئیں۔ شوق سے آئیں۔ لیکن یہ گانے بجانے والوں میں نوکری کا خیال ہمیں پسند نہیں۔ میں نے دیکھا نہیں لیکن معلوم ہوا ہے کہ ایک کوٹھی میں

مشینیں لگا کر اس کے سامنے لوگ گاتے ناچتے ہیں۔ شعر پڑھتے ہیں۔ تقریریں کرتے ہیں۔ لوگ اپنے گھروں میں ایک ڈبا سامنے رکھ کر سن لیتے ہیں بلکہ اب تو اور ترقی ہوئی ہے۔ ایک نیا ڈبہ انگریز کاریگروں نے نکالا ہے۔ اس میں ایک گھنڈی ہے، اسے مروڑنے پر سننے کے علاوہ ان ارباب نشاط کی شکلیں بھی گھر بیٹھے دیکھ سکتے ہیں۔

ایک خط ان میں سے ایک جگہ سے میرے پاس بھی آیا تھا۔ آدمی تو یہیں کے ہیں لیکن انگریزی میں لکھتے ہیں۔ بہت دنوں رکھا رہا۔ آخر ایک انگریزی خواں سے پڑھوایا۔ مشاعرے کا دعوت نامہ تھا۔ کچھ حق الخدمت کا بھی ذکر تھا۔ میں تو گیا نہیں۔ دوبارہ انہوں نے یاد کیا نہیں۔ چونکہ پیسے دیتے ہیں۔ سرکاروں درباروں کی جگہ ان لوگوں نے لے لی ہے۔ جس کو چاہتے ہیں نوازتے ہیں۔ میرن صاحب مجھے جان سے عزیز لیکن ان لوگوں سے سفارش کیا کہہ کر کروں کہ سید زادہ ہے؟ اردو فارسی کا ذوق رکھتا ہے؟ اسے نوکر رکھو۔ اچھا رکھ بھی لیا تو کاپی نویسوں میں رکھیں گے۔ میر مہدی یہ وہ زمانہ نہیں۔ اب تو انگریزی کی پوچھ ہے یا پھر سفارش چاہیے۔

خط لکھ لیا۔ اب محل سرا میں جاؤں گا۔ ایک روٹی شوربے کے ساتھ کھاؤں گا۔ شہر کا عجب حال ہے۔ باہر نکلنا محال ہے۔ ابھی ہرکارہ آیا تھا۔ خبر لایا کہ ہڑتال ہو رہی ہے۔ ہاٹ بازار سب بند۔ لڑکے جلوس نکال رہے ہیں۔ نعرے لگا رہے ہیں۔ کبھی کبھی لڑکوں اور برقندازوں میں جھڑپ بھی ہو جاتی ہے۔ میر مہدی معلوم نہیں اس شہر میں کیا ہونے والا ہے۔ میرن کو وہیں روک لو۔ میر سرفراز حسین اور

میر نصیر الدین کو دعا۔

نجات کا طالب

غالب

(۴)

منشی صاحب میاں داد خاں سیاح یہ خط نواب غلام بابا خاں کے توسط سے بھیج رہا ہوں کہ تمہارا تحقیق نہیں اس وقت کہاں ہو۔ اشرف الاخبار تمہارے نام بھجوایا تھا، وہ واپس آگیا کہ مکتوب الیہ شہر میں موجود نہیں۔ اس اخبار کے مہتمم صاحب کل آئے تو کچھ اخبار بلاد دیگر کے دے گئے کہ مرزا صاحب انہیں پڑھیے اور ہو سکے تو رنگ ان لوگوں کی تحریر کا اختیار کیجیے کہ آج کل اسی کی مانگ ہے۔ یہ اخبار لاہور اور کراچی بندر کے ہیں۔ کچھ سمجھ میں آئے کچھ نہیں آئے۔ آدھے آدھے صفحے تو تصویروں کے ہیں۔ دو دو رنگ کی چھپائی موٹی موٹی سرخیاں۔ افرنگ کی خبریں۔ اگر بہت جلد بھی آئیں تو مہینہ سوا مہینہ تو لگتا ہی ہے لیکن یہ لوگ ظاہر کرتے ہیں کہ آج واردات ہوئی اور آج ہی اطلاع مل گئی۔ گویا لوگوں کو پر چاتے ہیں۔ بے پر کی اڑاتے ہیں۔ پھر ایک ہی اخبار میں کشیدہ کاری کے نمونے ہیں، ہنڈیا بھوننے کے نسخے ہیں۔ کھیل تماشوں کے اشتہار ہیں۔ ایک لمبا چوڑا مضمون دیکھا، "اداکارہ دیبا کے چلغوزے کس نے چرائے۔" سارا پڑھ گیا۔ یہ سمجھ میں نہ آیا کہ کیا بات ہوئی۔ کسی

کی جیب سے کسی نے چلغوزے نکال لیے تو یہ کون سی خبر ہے۔

خیر یہ سب سہی، لطیفے کی بات اب کہتا ہوں۔ کراچی کے ایک اخبار میں میرے تین خط چھپے ہیں۔ ایک منشی ہر گوپال تفتہ کے نام ہے، ایک میں نواب علائی سے تخاطب اور ایک میر مہدی مجروح کے نام۔ میں حیران کہ ان لوگوں نے میرے خطوط اخبار والوں کو کیوں بھیجے۔ اب پڑھتا ہوں تو مضمون بھی اجنبی لگتا ہے۔ اب کہ جو شراب انگریزی سوداگر دے گیا ہے کچھ تیز ہے۔ اور یہ سچ ہے کہ کبھی کبھی کیفیت اک گونہ بے خودی سے آگے کی ہو جاتی ہے۔ یا تو میں نے اس عالم میں لکھے اور کلیان اٹھا کر ڈاک میں ڈال آیا۔ یا پھر کسی نے میری طرف سے گڑھے ہیں اور انداز تحریر اڑانے کی کوشش کی ہے۔ کونے میں کسی کا نام بھی لکھا ہے۔ ابن انشا۔ کچھ عجب نہیں یہی صاحب اس شرارت کے بانی مبانی ہوں۔ نام سے عرب معلوم ہوتے ہیں۔ لیکن یہ کیا حرکت ہے۔ سراسر دخل در معقولات ہے۔ اخبار نویسی میں ٹھٹول کیا معنی؟ بھئی مجھے بات پسند نہیں آئی۔ امید ہے وہ ٹوپیاں تم نے نواب صاحب کو پہنچادی ہوں گی۔ نواب صاحب سے میرا بہت بہت سلام اور اشتیاق کہنا۔ میں سادات کا نیاز مند اور علی کا غلام ہوں۔

نجات کا طالب

غالب

***

کسٹم کا مشاعرہ

کراچی میں کسٹم والوں کا مشاعرہ ہوا تو شاعر لوگ آؤ بھگت کے عادی دندناتے پان کھاتے، مونچھو پر تاؤ دیتے زلفِ جاناں کی بلائیں لیتے غزلوں کے بقچے بغل میں مار کر پہنچ گئے۔ ان میں سے اکثر کلاتھ ملوں کے مشاعروں کے عادی تھے۔ جہاں آپ تھان بھر کی غزل بھی پڑھ دیں اوراس کے گز گز پر مکرر مکرر کی مہر لگادیں تب بھی کوئی نہیں روکتا۔ پھر تانا بانا کمزور بھی ہو تو ذراسا ترنم کا کلف لگانے سے عیب چھپ جاتا ہے۔ لیکن کسٹم والوں کے قاعدے قانون بڑے کڑے ہوتے ہیں۔ منتظمین نے طے کر دیا تھا کہ ہر شاعر زیادہ سے زیادہ ایک غزل وہ بھی لمبی بحر کی نہیں، درمیانہ بحر کی بلا کسٹم محصول پڑھ سکے گا، جس کا حجم پانچ سات شعر سے زیادہ نہ ہو۔ پیچ یہ آن پڑا کہ مصرعہ ایک نہیں پانچ دیئے گئے تھے۔ وہاں دروازے پر تلاشی ہوگئی۔ سب کے تھیلے اور بستے باہر رکھوالیے گئے۔ ایک صاحب نے نیفے میں ایک لمبی سی مثنوی اڑس رکھی تھی۔ ایک اپنے موزوں میں رباعیاں چھپا کر لے جارہے تھے۔ لیکن کسٹم کے پریونیٹو افسروں کی تیز نظروں سے کہاں بچ سکتے تھے۔ ان فرض شناسوں نے سب کو آن روکا اور سب کے گریبانوں میں جھانکا۔ استادِ ہمدم

ڈبائیوی پر بھی انہیں شک ہوا۔ استاد نے ہر چند کہا کہ میرے پاس کچھ بھی نہیں ہے۔ یہی پانچ سات شعر ہیں لیکن کسٹم والوں نے ان کے کرتے کی لانبی آستیں میں سے ان کے تازہ ترین دیوان 'مار آستیں' کا ایک نسخہ بر آمد کر ہی لیا۔ اتنی احتیاطوں کے باوجود سنا ہے۔ بہت سے لوگ اپنا کلام ناجائز طور پر حافظے میں رکھ کر اندر گھس گئے اور موقع پا کر بلیک میں داد کھری کی۔ یعنی بلا سامعینِ رہائش کے اسے دوبارہ سہ بارہ پڑھا۔

ہمارے کرم فرما ملک الشعراء گھڑیال فیروز آبادی نے ہمیں فون کیا تم بھی آٹھوں گانٹھ شاعر ہو۔ موقع اچھا ہے۔ ایک غزل کہ لو۔ گھڑیال صاحب نغمہ گویا شاعر اور گھڑیوں کے تاجر ہیں۔ فیروز آبادی اس نسبت سے کہلاتے ہیں کہ فیروز آباد تھانے کی حوالات میں کچھ روز رہ چکے ہیں۔ ہم نے عذر کیا کہ ہمارے پاس شعر کہنے کے لئے کسٹم والوں کا پرمٹ یا مشاعرے کا دعوت نامہ نہیں لہٰذا مجبوری ہے۔ بولے، اس کی فکر نہ کرو میں تمہیں کسی طور اسمگل کر دوں گا۔ ہم نے کہا۔ ہم کوئی گھڑی تھوڑا ہی ہیں۔ منغض ہو کر بولے، یہ کیا ٹک ٹک لگا رکھی ہے۔ غزل لکھو۔

ہم نے اپنے کو شاعری کی چابی سے کوکتے ہوئے پوچھا۔ مصرعہ طرح کیا ہے؟ فرمایا، ایک نہیں پانچ ہیں۔ ایک تو یہی ہے،

کون جیتا ہے تری زلف کے سر ہونے تک۔

ہم نے کہا، اس کا قافیہ ذرا ٹیڑھا ہے۔ ہونے تک، کونے تک، بونے تک، کیا

زرعی مضامین باندھنے ہیں اس میں؟ گھڑیال صاحب نے وضاحت کی کہ نہیں، اس کے قوافی ہیں سر، خر، شر وغیرہ۔

ہمیں اس مصرعے سے کچھ شر کی بو آئی۔ لہٰذا ہم نے کہا کوئی دوسرا مصرع بتائیے۔ یہ نظیر اکبر آبادی کا تھا،

طور سے آئے تھے ساقی سن کے میخانے کو ہم

یہ بھی ہمیں نہ جچا۔ ہم نے کہا۔ اگر اس کے قافیے ہیں، سن کے، دھن کے، بن کے وغیرہ تو اس سے ہمیں معاف رکھئے۔ اس پر گھڑیال صاحب نے ہمیں تیسرا مصرع دیا،

ہائے کیا ہو گیا زمانے کو

یہ کس کا مصرع ہے؟ ہم نے دریافت کیا۔ جواب ملا، مہمل دہلوی کا

"مہمل دہلوی؟ یہ کون صاحب تھے؟" ہم نے حیران ہو کر پوچھا۔ پتہ چلا کہ سننے میں ہم سے غلطی ہوئی۔ گھڑیال صاحب نے مومن دہلوی کہا تھا۔ چوتھا اور پانچواں مصرعہ طرح بھی ہماری طبع رواں کو پسند نہ آئے۔ پھر ہماری صلحِ کل طبیعت کو یہ گوارانہ ہوا کہ ایک مصرع لیں اور باقیوں کو چھوڑ دیں۔ بڑی ترکیب سے ایک غزل تیار کی جو بیک وقت ان پانچوں بحروں اور پانچوں زمینوں میں تھی۔ یوں کہ ایک مصرع ایک بحر میں دوسرا دوسری میں۔ ہمارا خیال تھا اس سے سبھی خوش ہوں گے۔ لیکن کوئی بھی نہ ہوا۔ جانے مس بلبل کیسے نبھا لیتی ہیں اور اس شاعر کا کیا تجربہ

ہے جس نے اقبال کے کلام میں قلم لگا کر یہ شاہکار تخلیق کیا ہے،

غلامی میں نہ کام آتی ہیں تقدیریں نہ تدبیریں

جو ہو ذوقِ یقین پیدا تو کٹ جاتی ہیں زنجیریں

اہاجی، زنجیریں زنجیریں زنجیریں

لئے آنکھوں میں سرور کیسے بیٹھے ہیں حضور

جیسے جانتے نہیں پہچانتے نہیں

بعض محکمے شاعری سے زیادہ مناسبت رکھتے ہیں، بعض کم، ایکسائز یعنی آبکاری کی فضا شاعری کے لئے زیادہ موزوں معلوم نہیں ہوتی۔ ہمارے دوست میاں مولا بخش ساقی نکودری، پہلے اسی محکمے میں تھے۔ ایک روز کہیں ان کا ساقی نامہ کسی رسالے میں چھپا ہوا ان کے ڈائریکٹر صاحب نے دیکھ لیا فوراً بلایا اور جواب طلب کیا کہ آپ سارے محکمہ کے کام پر پانی پھیر رہے ہیں۔ حکومت اتنا روپیہ ناجائز شراب کی روک تھام پر خرچ کرتی ہے اور آپ کھلم کھلا لکھتے ہیں،

خدا سارا ساقیا مجھے

شراب خانہ ساز دے

یا نوکری چھوڑیئے یا شاعری چھوڑیئے۔ شاعری تو، چھٹتی نہیں ہے منہ سے یہ کافر لگی ہوئی۔ نوکری چھوڑ کر جوتوں کی دوکان کرلی۔

کسٹم والوں کے مصرع ہائے طرح برے نہیں لیکن ہماری سفارش ہے کہ

آئندہ کوئی محکمہ مشاعرہ کرائے تو مصرع طرح کے اپنے کام کی مناسبت سے رکھے۔
مثلاً کسٹم کے مشاعرے کے لیے یہ مصرع زیادہ موزوں رہے گا،

دادرِ حشر مرا نامۂ اعمال نہ دیکھ

حج کا ثواب نذر کروں گا حضور کی

جتنے عرصے میں مرا لپٹا ہوا بستر کھلا۔ وغیرہ

اگلے ہفتے گوردھن داس کلاتھ مارکیٹ میں کپڑے والوں کی طرف سے جو مشاعرہ ہو رہا ہے اس کے لئے ہم یہ مصرعے تجویز کریں گے،

ہائے اس چارہ گرہ، کپڑے کی قسمت غالبؔ

یا اپنا گریباں چاک، یا دامنِ یزداں چاک

اندر کفن کے سر ہے تو باہر کفن کے پاؤں

دھوبی، ڈرائی کلینز، ٹیلر ماسٹر حضرات مشاعرہ کرائیں تو ان کے حسبِ مطلب بھی اساتذہ بہت کچھ کہہ گئے ہیں۔ منجملہ

دھوئے گئے ہم اتنے کہ بس پاک ہو گئے

دامن نچوڑ دیں تو فرشتے وضو کریں

تیرے دل میں تو بہت کام رفو کا نکلا

دامن کو ذرا دیکھ، ذرا بندِ قبا دیکھ

موٹر ڈرائیور حضرات تو اپنے بس یا ٹرک کی باڈی پر لکھا ہوا کوئی مصرع بھی چن

سکتے ہیں۔ جیسے،

سامان سو برس کے ہیں کل کی خبر نہیں۔

ورنہ یہ بھی ہو سکتا ہے۔

نے ہاتھ باگ پر ہے، نے پا ہے رکاب میں

سب سے زیادہ آسانی گورکنوں کے لیے ہے کیونکہ اردو شاعری کا ایک بہت بڑا حصہ کفن، دفن، گورکنی اور مردہ شوئی کے متعلق ہے۔ ہماری شاعری میں مردے بولتے ہیں اور کفن پھاڑ کر بولتے ہیں۔ بعضے تو منکر نکیر تک سے کٹ حجتی کرتے ہیں،

چھیڑو نہ میٹھی نیند میں اے منکر و نکیر

سونے دو بھائی میں تھکا ماندہ ہوں راہ کا

اسی طرح ہمارے شاعروں نے بہت کچھ حکیموں، ڈاکٹروں اور عطائیوں کے بارے میں کہہ رکھا ہے۔ کل کلاں میڈیکل ایسوسی ایشن یا طبی کانفرنس والے یا جڑی بوٹی سنیاسی ٹوٹکا ایسوسی ایشن کے سیکرٹری سائیں اکسیر بخش کشتہ مشاعرہ کرائیں تو حسب ذیل تیر بہدف مصرعے کام میں لا سکتے ہیں،

یاالٰہی مٹ نہ جائے دردِ دل

آخر اس درد کی دوا کیا ہے

پہلے تو روغن گل بھینس کے انڈے سے نکال

اور۔۔۔ مریضِ عشق پر رحمت خدا کی۔ وغیرہ

فیملی پلاننگ کے محکمے نے پچھلے دنوں ڈھیروں نظمیں لکھوائی ہیں جن میں بعض میں ایسی تاثیر سنی ہے کہ کسی جوڑے کو پانی میں گھول کر پلا دیں تو نہ صرف ان کو بقیہ عمر کے لیے چھٹی ہو جائے بلکہ ان کی اگلی پچھلی سات نسلیں بھی لاولد ہو جائیں۔ ہمارے محکمہ زراعت اور آبپاشی نے ہمیں ذیل کے مصرعے بھیجے ہیں،

ذرا نم ہو تو یہ مٹی بڑی زرخیز ہے ساقی

کھیتوں کو دے لو پانی، اب بہہ رہی ہے گنگا

تو برائے فصل کردن آمدی

جنگلات والوں کی پسند ملاحظہ ہو،

پتہ پتہ بوٹا بوٹا حال ہمارا جانے ہے

کانٹوں سے بھی نباہ کئے جا رہا ہوں میں

مجنوں جو مر گیا ہے تو صحرا اداس ہے

ہزارہا شجر سایہ دار راہ میں ہے

ایک مشاعرہ ہم ملتان کے چڑیا گھر میں پڑھ چکے ہیں جس کی طرحیں حسب ذیل تھیں،

لاکھ طوطے کو پڑھایا پر وہ حیواں ہی رہا

کیا ہی کنڈل مار کر بیٹھا ہے جوڑا سانپ کا

رگِ گل سے بلبل کے پر باندھتے ہیں

محکمے ہو گئے۔ اب اہل حرفہ کی بھی تو ضرورتیں ہیں۔ کریانہ فروشوں کی عید ملن پارٹی ہونے والی ہے۔ اس کے لیے بھی مصرع طرح تجویز کر دیں،

وہ الگ باندھ کے رکھا ہے جو مال اچھا ہے

بار بر ایسوسی ایشن کے سالانہ مشاعرے کے لئے،

کون جیتا ہے تری زلف کے سر ہونے تک

زخم کے بڑھنے تلک ناخن نہ بڑھ آئیں گے کیا؟

ہاکرز فیڈریشن والوں نے بھی ہم سے مصرع مانگا تھا۔ ایک نہیں دو حاضر ہیں،

میں دل بیچتا ہوں، میں جاں بیچتا ہوں۔

اور۔۔۔ بیٹھے ہیں رہگذر پہ ہم، کوئی ہمیں اٹھائے کیوں

ایک مصرع جوتے والوں کی نذر ہے،

پاپوش میں لگا دی کرن آفتاب کی

وکیل اس مصرع سے کام چلا سکتے ہیں،

مدعی لاکھ برا چاہے پہ کیا ہوتا ہے

اور قصاب حضرات کے لئے ہم نے،

کاغذ پہ رکھ دیا ہے کلیجا نکال کے

ایک زمانے میں ہماری شاعری نے بادشاہوں اور نوابوں کی سرپرستی میں ترقی

کی۔ ایک مشہور شاعر فرخی کو تو بادشاہ وقت نے خوش ہو کر مویشیوں کا ایک گلہ انعام میں دے دیا تھا۔ اس نے غالباً غزل گوئی چھوڑ چھاڑ کر دودھ بیچنے کا پیشہ اختیار کر لیا کیونکہ پھر اس کے خاندان میں کوئی شاعر ہم نے نہ سنا۔ ہمارے زمانے میں وار فنڈ والے، محکمہ زراعت والے، میلہ مویشیاں والے اس فن کے فروغ کا ذریعہ ہیں پھر کلاتھ ملوں والوں نے اس نیم جان کا پردہ ڈھکا۔ خوشی کی بات یہ ہے کہ انکم ٹیکس اور کسٹم والے بھی شاعری کی سرپرستی کی طرف توجہ کرنے لگے۔ ہمارے ایک دوست پولیس میں ہیں۔ انہوں نے ہمیں اطلاع دی ہے کہ وہ بھی اپنا دھوم دھامی مشاعرہ کرانے کا ارادہ رکھتے ہیں۔ ہم نے کہا، اس میں خرچ بہت پڑتا ہے۔ بولے یہ تم ہم پر چھوڑ دو۔ ہمارا اپٹے والا جہاں طلب نامہ لے کر پہنچا۔ شاعر اپنے خرچ پر رکشہ میں بیٹھ بھاگا آئے گا۔ کھانا اسے سامنے کے تندور والے مفت کھلائیں گے۔ اور شب بسری کے لئے جگہ ہماری حوالات میں بہت ہے۔ البتہ سنا ہے مشاعرے میں ہوٹنگ وغیرہ کرتے ہیں لوگ۔

ہم نے کہا۔ ہاں کرتے تو ہیں۔

بولے۔ اچھا پھر تو آنسو گیس کا بھی انتظام رکھنا ہوگا۔ آپ آئیں گے مشاعرے میں یا بھیجوں لال پگڑی والے کو ہتھکڑی دے کر؟

***

ہم پھر مہمان خصوصی بنے

مومن کی پہچان یہ ہے کہ وہ ایک سوراخ سے دوبارہ نہیں ڈسا جاسکتا۔ دوسری بار ڈسے جانے کے خواہش مند کو کوئی دوسرا سوراخ ڈھونڈنا چاہیے۔ خود کو مہمان خصوصی بنتے ہم نے ایک بار دیکھا تھا۔ دوسری بار دیکھنے کی ہوس تھی۔ اب ہم ہر روز بالوں میں کنگھا کر کے اور ٹائی لگا کر بیٹھنے لگے کہ ہے کوئی اندھا محتاج جو دے سخی کو دعوت نامہ۔ بلائے اسے صدارت کے لیے۔ اپنے دوستوں سے بھی باتوں باتوں میں ہم نے بہت کہا کہ آج کل ہم خالی ہیں اور خدمت قوم کے لیے تن من دھن حاضر ہے۔ کوئی یونیورسٹی یا کالج یا اسکول ہماری ذات ستودہ صفات سے اپنے جلسے کی ونق بڑھانا چاہے تو ہم بخوشی اس کے لیے اپنی مصروفیات میں سے وقت نکالیں گے۔

بارے ایک جگہ سے دعوت نامہ آیا۔ اسپوٹنک انگلش اسکول گولیمار کے پرنسپل صاحب نے ہم سے استدعا کی کہ آپ ہمارے ہاں مہمان خصوصی بن کر آئیں اور اسکول کو اپنی جیب خاص سے کم از کم پانچ سو روپے عطیہ دیں تو ہم بہت ممنون ہوں گے۔ ہم نے کہا۔ ہم ہیں تو بہت مصروف لیکن آپ کی خاطر آجائیں گے اور پانچ سو روپے تو خیر زیادہ ہیں دو سو روپے اسکول کو دیں گے تاکہ ہمارے ملک

میں تعلیم کو ترقی ہو۔ ہم ایسے نیک کاموں کی سرپرستی نہ کریں گے تو اور کون کرے گا؟ ایسا لگتا ہے کہ ان صاحبوں کو اس سے زیادہ عطیہ دینے والا کوئی اور نہ ملا لہٰذا معاملہ پٹ گیا اور ہم نے اپنی شیروانی ڈرائی کلین ہونے کے لیے بھجوادی۔

اسپوٹنک اپنی جگہ اور انگلش اپنی جگہ، لیکن نام کے اس طمطراق کے باوجود تھا یہ بھی پرائمری اسکول اور ہم یہ سوچ کر کچھ آزردہ سے ہو گئے کہ یہی رفتار رہی، یعنی ہماری زندگی کے یہ دن پرائمری اسکولوں سے خطاب کرتے گزر گئے تو یونیورسٹی کنووکیشن سے خطاب کی نوبت کس عمر میں آئے گی۔ ابھی تو بہت مرحلے درمیان میں تھے۔ لوئر سیکنڈری اسکول، ہائر سیکنڈری اسکول، انٹر کالج، ڈگری کالج اور نہ جانے کیا کیا۔ خیر پچاس روپے اسکول والوں کو ایڈوانس دے کر ہم نے بات پکی کی اور کہا۔ گولیمار تو بڑی پیچیدہ سی جگہ ہے۔ کوئی لینے آئے گا ہمیں؟

جواب ملا کہ لینے تو کوئی نہیں آئے گا۔ آپ دو نمبر کی بس میں پاپوش نگر سے بیٹھیے اور گولی مار ۳ پر اتریے۔ سامنے جس گلے کی نکڑ پر آپ کو "اپٹوڈیٹ ہیئر کٹنگ سیلون"، "بے ضرر ختنہ کا بہترین مرکز" کا بورڈ نظر آئے اس میں سے نکل کر بائیں ہاتھ چوتھا موڑ آپ مڑیں گے تو آپ کو شامیانہ تنا ہوا ملے گا لیکن ساڑھے نو بجے آپ کا پہنچ جانا ضروری ہے کیونکہ گیارہ بجے خیموں اور کرسیوں والے اپنا سامان لینے آجائیں گے۔ ہم نے کرایہ گیارہ بجے تک کا دیا ہے۔ اس کے بعد یہ چیزیں ایک شادی والے کے گھر چلی جائیں گی۔ ہم نے کہا مضائقہ نہیں۔ ہم بھی ان کے ساتھ

ساتھ شادی والے گھر چلے جائیں گے۔ آیا بود کہ گوشۂ چشمے بما کنند۔

ملا نصر الدین کو لوگوں نے دیکھا کہ ریگستان میں جا بجا کھدائی کرتے پریشان پھر رہے ہیں۔ ایک صاحب نے ماجرا پوچھا تو معلوم ہوا ایک جگہ انہوں نے کچھ روپے داب دیے تھے اور نشانی یہ رکھی تھی کہ اس وقت اس جگہ کے عین اوپر ابر کا ایک ٹکڑا تھا۔ جواب کہیں دکھائی نہیں دے رہا تھا۔

شادیوں، بیاہوں، قوالیوں، مشاعروں، یوموں، جشنوں اور تقریری مقابلوں کی ریل پیل کے دنوں میں خیمے چھولداری کی نشانی سے کسی جگہ کو پانا کچھ ایسی ہی بات تھی لیکن خیر۔ ہم اپٹوڈیٹ ہیئر کٹنگ سیلون کی گلی میں مڑ کر بائیں ہاتھ دیکھنے لگے حتی کہ دور ایک شامیانہ نظر آیا۔ وہاں جاکر دیکھا کہ دریوں پر کچھ بچے کھیل رہے ہیں۔ ایک طرف کرسیوں پر کچھ بزرگ بیٹھے ہیں جو ان کے والدین ہوں گے۔ لیکن ہمارے میزبان صاحبان کا کہیں پتہ نہیں۔ خیر ہم بھی ایک طرف کو بیٹھ گئے۔ تھوڑی دیر میں کچھ اور لوگ آگئے اور اب ایک صاحب نے آکر مؤدبانہ ہم سے پوچھا کہ آپ لڑکے والوں کی طرف سے ہیں نا؟ باقی بارات کہاں ہے؟

ہم نے کہا مذاق بند کرو۔ ہمیں یہاں تقریر کر کے اور بھی کئی جگہ صدارتیں کرنی ہیں۔ بس اب کارروائی شروع ہو۔ کہاں ہے کرسی صدارت؟ تھوڑی سی مزید اور قدرے تکلیف دہ گفتگو کے بعد پتہ چلا کہ ہمیں اس سے اگلی گلی میں جانا چاہیے تھا۔ وہاں ہم خوب وقت پر پہنچے۔ اعلان ہو رہا تھا کہ آج کل اچھے لوگ غیر ذمہ

داری برتتے ہیں۔ وعدہ کرکے تشریف نہیں لاتے۔ ہمارے آج کے مہمان بھی ایسے ہی نکلے۔ خیر اب میں بی ڈی ممبر تاج الدین تاج سے درخواست کرتا ہوں کہ ان کی جگہ۔۔۔ لیکن ہم نے بنفس نفیس نمودار ہو کر تاج صاحب کی صدارت میں اسی طرح کھنڈت ڈال دی جس طرح ہماری فلموں میں کوئی بزرگ عین نکاح کے وقت پہنچ کر ساری کارروائی روک دیتے ہیں:

"ٹھہرو یہ شادی نہیں ہو سکتی۔"

اس کے بعد جو کارروائی ہوئی اس میں سے ہمیں فقط اتنا یاد ہے کہ عبدالعزیز جماعت اول نے ہمیں ہار پہنایا۔ دوسری جماعت کے بچوں نے انگریزی میں ہمارا خیر مقدم کیا۔ جماعت سوم کی ایک بچی نے ایک فصیح و بلیغ تقریر پڑھی۔ جو اس کے والدین کی لیاقت، وسعت مطالعہ اور زبان پر غیر معمولی قدرت کا ثبوت تھی۔ اس کے بعد چوتھی جماعت کے ایک طالب علم نے، ہم مرد مجاہد ہیں، کا ترانہ گاتے ہوئے جوش میں آکر اپنی تلوار سے ہم پر وار کیا۔ خیریت یہ ہوئی کہ ایسے موقع پر تلواریں گتے کی استعمال کی جاتی ہیں۔

بعد ازاں ہم نے کھنکار کر اپنا صدارتی خطبہ شروع کیا ہی تھا، خواتین و حضرات اور پیارے بچو۔۔۔ کہ پیچھے سے ایک صاحب نے آکے ہمارے نیچے سے کرسی کھینچ لی اور کہا۔ حضور گیارہ بج گئے۔ اب یہ سامان کہیں اور لے جانا ہے۔ ظالموں نے ہمیں حاضرین کا شکریہ ادا کرنے کی بھی مہلت نہ دی۔ خیر اس کی ضرورت بھی نہ

تھی۔ کیونکہ اس وقت حاضرین تھے کہاں۔ انہوں نے شامیانے کے کھونٹے اکھڑتے دیکھ لیے تھے اور زاں پیشتر کہ شامیانہ ان پر آن گرتا، غیر حاضرین بن چکے تھے۔

٭٭٭

سرکاری یوم اقبال

ہمارے عزیز دوست جمیل الدین عالی دوہوں والے، تماشا مرے آگے والے، نے اپنے ناطقہ کو سر بگر بیاں کرتے ہوئے اخبار میں ایسا رقت انگیز مضمون لکھا ہے کہ جدھر جایئے خلقت زار و قطار رو رہی ہے۔ سارا شہر دیوار گریہ بنا ہوا ہے۔ لیاری کی جھگیاں بہہ گئی ہیں اور محرم کی مجلسیں ماند پڑ گئی ہیں۔ ہم دوسروں کو کیا کہیں۔ ہمارا اپنا یہ حال ہے کہ یہ مضمون ہم لکھ نہیں رہے، ایک کرم فرما کو لکھوا رہے ہیں۔ کیونکہ ہمارے ہاتھ خالی نہیں۔ ایک تولیہ اس ہاتھ میں ہے، ایک اس میں۔ بولتے جاتے ہیں اور اپنی اشک شوئی کرتے جاتے ہیں۔

اس میں کچھ تاثیر موضوع کی بھی ہے۔ ان کا یہ مضمون علامہ اقبالؒ مرحوم کے بارے میں ہے اور خود علامہ مرحوم کے متعلق سبھی وقائع نگار متفق ہیں کہ بات بات پر رو دیا کرتے تھے۔ جہاں قوم کا نام آیا ان کی آنکھوں سے اشک کا چشمہ رواں ہوا۔ عالی صاحب کا کالم جواب کے ذرا دھندلا دھندلا چھپا ہے اس کی وجہ بھی مشین کی خرابی نہیں۔ لکھنے والا کاتب بھی صاحب دل تھا۔ اس کے آنسو لکھتے میں کاغذ پر ٹپکتے گئے اور سیاہی پھیل گئی۔ مشین مین نے اسے درست کرنے کی کوشش کی

لیکن وہ بھی پڑھا لکھا تھا۔ قوم کا درد دل میں رکھتا تھا۔ سیاہی کو مزید پھیکا کرنے میں کچھ حصہ اس کا بھی سمجھیے۔

عالی صاحب پہلے سیدھا سیدھا مضمون لکھا کرتے تھے۔ مطلب اخذ کرنے کا کام قارئین پر چھوڑ دیتے تھے لیکن پڑھنے والوں نے کہا کہ جناب آج کل اتنی فرصت کسے کہ پڑھے بھی اور اس کا مطلب بھی سوچے۔ آج کل کالجوں، یونیورسٹیوں تک میں تعلیم خلاصوں کے ذریعے اور امتحان گیس پیپروں کی مدد سے دیے جاتے ہیں۔ آپ بھی اپنی بات کا خلاصہ آخر میں ایک دو تین نمبر ڈال کر لکھ دیا کیجیے۔ آخر حکایات لقمان والے لقمان اور گلستان سعدی والے سعدی بھی تو یہی کیا کرتے تھے۔ آج تک کسی نے اعتراض نہ کیا کہ قارئین پر کند ذہنی کا گمان کیا جا رہا ہے۔ یہی وجہ ہے کہ اب کے عالی صاحب نے اپنے مضمون کے آخر میں ضروری نکات مفید مشوروں کی صورت میں رقم کر دیے اور یہ کام ایسا ہے کہ اس میں ان کا حریف کوئی نہیں۔ ان کی جو سانس آتی ہے اور جاتی ہے، مفت مشوروں سے خالی نہیں ہوتی۔ "مولوی صاحب کا گھوڑا" کے مولوی صاحب کی طرح مشورہ دیا اور آگے چل دیے۔ ہم نے کئی بار عرض بھی کیا کہ رک کر دیکھ لیا کیجیے آپ کے مشورے کا نتیجہ کیا ہوا، کیا گل کھلا۔ لیکن،

دریا کو اپنی موج کی طغیانیوں سے کام
کشتی کسی کی پار ہو یا درمیاں رہے

کراچی کے یوم اقبالؒ کی عدیم المثال کامیابی سے خوش ہو کر، جو سرکاری سرپرستی میں ہوا، عالی صاحب نے فرمایا ہے کہ آیندہ یوم اقبال ہر ڈویژن، ہر ضلع، ہر تحصیل، ہر تھانے اور ہر گاؤں میں منایا جائے، اس سے قطع نظر کہ وہاں اقبال کو جاننے اور سمجھنے والا کوئی ہے کہ نہیں۔ یوم وغیرہ رضاکارانہ طور پر منانے کی عملی دقتوں سے واقف ہونے کی وجہ سے انہوں نے فرمایا ہے کہ یوم اقبالؒ منانا ہر مقامی حاکم کا ایک غیر سرکاری فرض قرار دے دیا جائے کہ بس اتنا سا سرکاری مراسلہ جاری کر دیا جائے کہ مقامی حکام تقریبات اقبال کی ہمت افزائی کریں۔ پھر دیکھ خدا کیا کرتا ہے۔

یہ بات ہمارے بھی تجربے میں آئی ہے۔ جہاں کوئی کمشنر یا ڈپٹی کمشنر ادب سے دلچسپی رکھنے والا آیا، سارا ضلع اشعار اور استعاروں میں باتیں کرنے لگا۔ بنیادی جمہوریتوں والے بھی غزلیں کہنا اور رسالے نکالنا شروع کر دیتے ہیں۔ ہر روز کسی نہ کسی کا یوم ہے۔ چونکہ سال میں صرف تین سو پینسٹھ دن ہوتے ہیں، لہٰذا بعض شاعروں اور ادیبوں کے نام قلم زد بھی کرنے پڑتے ہیں۔ کیونکہ ایک دن میں ایک سے زیادہ آدمیوں کا یوم منانا کچھ بھلا نہیں لگتا۔ ایک ضلع میں ہم ایک کام سے گئے۔ دیکھا کہ ایک گاؤں میں جھنڈیاں لگی ہیں اور لوگ دیگیں پکا رہے ہیں۔ ہم نے کہا کسی کی شادی یا عرس ہے کیا؟ معلوم ہوا نہیں۔ حضرت ملنگ گڑ گانوی کا یوم ہے۔

ایک صاحب کو جو پیش پیش تھے، ہم نے روک کر پوچھا کہ یہ کون صاحب

تھے۔ کیونکہ ہم گڑ گاؤں میں رہے ہیں، ان کا نام نہیں سنا۔ کہنے لگے سنا تو ہم نے بھی نہیں، لیکن اوپر سے حکم آیا ہے۔ سنا ہے ڈپٹی کمشنر صاحب کی بیگم کے ماموں تھے۔ کلام ان کا چھپا نہیں۔ رسالوں والے متعصب تھے۔ چھاپتے ہی نہ تھے ورنہ شاعر سنا ہے اچھے تھے۔ آج ہم ان کی یاد تازہ کریں گے۔ قوالوں سے ان کی غزلیں گوائی جائیں گی اور جو چندہ گاؤں والوں نے تھانیدار صاحب کو رضاکارانہ طور پر دیا ہے، اس سے ملنگ مرحوم کا دیوان چھاپا جائے گا۔

اندریں حالات ہماری سفارش یہ ہے کہ اگر ادب کی ترقی مطلوب ہے تو آیندہ کسی کو حاکم ضلع مقرر کرتے ہوئے دیکھ لیا جائے کہ آیا شاعر ہے۔ کہیں نرا سی ایس پی تو نہیں۔ یہ ہو جائے تو دیکھیے ادب میں کیسی بہار آتی ہے۔ سب لوگ کھیتی باڑی، آبپاشی وغیرہ چھوڑ کر یوم منانے میں لگ جائیں گے۔ کیونکہ ہوتا یہ ہے کہ جونہی کسی ضلع میں نیا ڈی سی چارج لیتا ہے، فوراً اہل معاملہ سراغ لگاتے ہیں کہ آیندہ لائحہ عمل کیا ہو۔ اگر موصوف گھوڑوں کے شوقین ہیں تو گھوڑوں اور مویشیوں کا میلہ کیا جائے اور میونسپلٹی سے ریس کورس قائم کرنے کے لیے جگہ الاٹ کرائی جائے۔

اگر مزاج میں تصوف ہے تو عرس کیے جائیں اور مقامی درگاہ پر سفیدی کرائی جائے گی۔ اگر نمازی ہیں تو نماز سیکھی جائے کیا عجب کبھی پڑھنی پڑ جائے۔ اگر پتہ چلتا ہے کہ شاعر ہے، حضرت آفتاب اکبر آبادی کا شاگرد ہے تو سبھی اپنا قبلہ راست کر لیتے ہیں۔ فوراً ایک دھوم دھامی ملک گیر مشاعرے کا اعلان ہوتا ہے بلکہ ایک

آدھ رسالہ بھی ڈپٹی کمشنر صاحب کی زیر سرپرستی آب و تاب سے نکلنا شروع ہو جاتا ہے۔ لیکن یہ نوبت چند روزہ ہوتی ہے۔ جونہی حضرت کا تبادلہ ہوا۔ ہم نے یہ دیکھا کہ بزم ادب کے دفتر میں کھلی بنولوں کی دکان کھل گئی اور ماہنامہ آفتاب عالم تاب کے دفتر میں کورے لٹھے کا ڈیپو قائم ہو گیا۔

خیر اقبال تو قومی شاعر ہے۔ تصور پاکستان کا خالق ہے تاہم یہ بعید از امکان نہیں کہ گاؤں کی یونین کونسل میں سرکلر پہنچے کہ اب کے یوم اقبال منایا جائے تو اس قسم کی گفتگو ہو۔

"ایہہ کہیڑا اقبال بھئی؟"

"ڈاکٹر اقبال!"

"کون ڈاکٹر اقبال؟"

"ڈاکٹر اقبال نہیں جانتے۔ حکیم الامت ڈاکٹر اقبال!"

"یہ ڈی سی صاحب ہیں یا سول سرجن جو ڈاکٹروں حکیموں کے دن منائے جانے لگے۔ یہ کیا لگتے ہیں ڈی سی صاحب کے۔"

"کچھ بھی نہیں لگتے۔ شاعر تھے بہت بڑے، ۱۹۳۸ء میں مر گئے۔"

"مر گئے تو پھر یوم منانے کی کیا ضرورت ہے۔ کیوں اتنا خرچہ کیا جائے۔ جب کہ وہ ڈی سی صاحب کے رشتہ دار بھی نہ تھے۔ کہاں کے رہنے والے تھے؟"

"سیالکوٹ کے۔"

"سیالکوٹ کے؟ پھر تو کچھ کرنا ہی پڑے گا۔ ہماری بیگم کے گرائیں تھے۔ ضرور کوئی تگڑے آدمی ہوں گے۔"

بعد ازاں رپورٹیں طلب کی جائیں گی۔ کس کس گاؤں میں یوم اقبالؒ منایا گیا کہاں نہیں۔ کوئی ہزار عذر کرے کہ جناب کوئی قوال ہی خالی نہیں ملا۔ ہم یوم اقبال کیسے مناتے۔ کوئی عذر مسموع نہ ہو گا۔ تھانے دار باندھ کے لے جائے گا کہ بدمعاش یوم اقبال نہیں مناتے؟ ڈی سی صاحب کے حکم کی سرتابی کرتے ہو؟ دو جی اسے حوالات میں، پڑھواؤ اسے بانگ درا، صبح خود ہی بانگ دیتا ملے گا کہ حضور غلطی ہوئی۔ بال بچوں والا ہوں۔ آج ہی جا کے مناتا ہوں یوم اقبال۔

٭٭٭

فیض اور میں

بڑے لوگوں کے دوستوں اور ہم جلیسوں میں دو طرح کے لوگ ہوتے ہیں۔ ایک وہ جو اس دوستی اور ہم جلیسی کا اشتہار دے کر خود بھی ناموری حاصل کرنے کی کوشش کرتے ہیں۔ دوسرے وہ عجز و فروتنی کے پتلے جو شہرت سے بھاگتے ہیں۔ کم از کم اپنے ممدوح کی زندگی میں۔ ہاں اس کے بعد رسالوں کے ایڈیٹروں کے پر زور اصرار پر انہیں اپنے تعلقات کو الم نشرح کرنا پڑے تو دوسری بات ہے۔

ڈاکٹر لکیر الدین فقیر کو لیجئے۔ جیسے اور پروفیسر ہوتے ہیں ویسے ہی یہ تھے۔ لوگ فقط اتنا جانتے تھے کہ علامہ اقبال کے ہاں اٹھتے بیٹھتے تھے۔ سو یہ بھی خصوصیت کی کوئی بات نہیں۔ یہ انکشاف علامہ کے انتقال کے بعد ہوا کہ جب کوئی فلسفے کا دقیق مسئلہ ان کی سمجھ میں نہ آتا تو انہی سے رجوع کرتے تھے۔ ڈاکٹر لکیر الدین فقیر نے ایک واقعہ لکھا ہے کہ ایک روز آدھی رات کو میں چونک کر اٹھا اور کھڑکی میں سے جھانکا تو کیا دیکھتا ہوں کہ علامہ مرحوم کا خادم خاص علی بخش ہے۔ میں نے پوچھا، "خیریت؟" جواب ملا، "علامہ صاحب نے یاد فرمایا ہے۔" میں نے کہا، "اس وقت؟" بولا، "جی ہاں اس وقت اور تاکید کی ہے کہ ڈاکٹر صاحب کو لے

کر آنا۔" میں حاضر ہوا تو اپنے لحاف میں جگہ دی اور فرمایا۔

"آج ایک صاحب نے گفتگو میں رازی کا ذکر کیا۔ تم جانتے ہو میں تو شاعر آدمی ہوں۔ آخر کیا کیا پڑھوں؟ اس وقت یہ پوچھنے کو تکلیف دی ہے کہ یہ رازی کون صاحب تھے اور ان کا فلسفہ کیا تھا۔" میں دل ہی دل میں ہنسا کہ دیکھو اللہ والے لوگ ایسے ہوتے ہیں۔ بہر حال تعمیل ارشاد میں میں نے امام فخر الدین رازی اور ان کے مکتب فکر کا سیر حاصل احاطہ کیا اور اجازت چاہی۔ علامہ صاحب دروازے تک آئے، آبدیدہ ہو کر رخصت کیا اور کہا، "تم نے میری مشکل آسان کر دی۔ اب شہر میں اور کون رہ گیا ہے جس سے کچھ پوچھ سکوں۔"

اگلی اتوار کو زمیندار کا پرچہ کھولا تو صفحہ اول پر علامہ موصوف کی نظم تھی جس میں وہ مصرع ہے،

"غریب اگرچہ ہیں رازی کے نکتہ ہائے دقیق"

ہر چند میں نے واضح کر دیا تھا کہ رازی کا فلسفہ خاصا پیش پا افتادہ ہے۔ دقیق ہرگز نہیں۔ لیکن معلوم ہوتا ہے علامہ مرحوم کو ایسا ہی لگا۔

مدرسہ علمیہ شرطیہ موچی دروازے کے پرنسپل مرزا اللہ دتہ خیال نے جو چھ ماہ میں میٹرک اور دو سال میں بی۔اے پاس کرانے کی گارنٹی لیتے ہیں، ماہ نامہ، "تصویر بتاں" میں پہلی بار اس بات کا اعتراف کیا کہ علامہ مرحوم کو مثنوی مولانا روم کے بعض مقامات میں الجھن ہوتی تو مجھے یاد فرماتے تھے۔ ایک بار میں نے

عرض کیا کہ آپ منشی فاضل کیوں نہیں کر لیتے۔ تمام علوم آپ کے لیے پانی ہو جائیں گے۔ بولے، "اس عمر میں اتنی محنت شاقہ نہیں کر سکتا۔" بعد میں، میں نے سوچا کہ واقعی شعرا تلامیذ الرحمٰن ہوتے ہیں۔ ان کو علم اور ریسرچ کے جھمیلوں میں نہیں پڑنا چاہیے۔ یہ تو ہم جیسے سر پھروں کا کام ہے۔ علامہ کے ایک جگری دوست رنجور فیروز پوری کو بھی لوگ گوشۂ گمنامی سے نکال لائے۔ ایک بصیرت افروز مضمون میں آپ نے لکھا۔ "خاکسار نے اپنے لیے شاعری کو کبھی ذریعۂ عزت نہیں جانا۔ بزرگ ہمیشہ نیچہ بندی کرتے آئے تھے۔ اس میں خدا نے مجھے برکت دی۔ جو ٹوٹا پھوٹا کلام بسبیل ارتجال کہتا تھا، علامہ صاحب کی نذر کر دیتا تھا۔ اب بھی دیکھتا ہوں کہ ارمغان حجاز وغیرہ کتابوں میں سیکڑوں ہی مصرعے جو اس ہیچ مداں کج مج زباں نے علامہ کے گوش گزار کیے تھے، نگینوں کی طرح چمک رہے ہیں۔"

حکیم عزرائیلی مصنف طب بقراطی نے نمائندہ، "صبح وشام" کو انٹرویو دیا تو بتایا کہ ایک زمانے میں حکیم الامت کو بھی طب کا شوق ہوا۔ بندہ نسخہ لکھتا اور علامہ مرحوم پڑیاں بناتے اور جوشاندے کوٹتے چھانتے۔ اس دوران اگر فکر سخن میں مستغرق ہو جاتے تو کبھی کبھی ہاون دستے میں اپنا انگوٹھا پھوڑ بیٹھتے۔ دوسرے روز عقید تمند پوچھتے کہ یہ کیا ہوا، تو فقط مسکرا کر انگشت شہادت آسمان کی طرف بلند کر دیتے۔

عام لوگوں کا یہ خیال تھا کہ علامہ مرحوم آخری سالوں میں کبوتر بازی اور

پہلوانی نہیں کرتے تھے اور مینڈھے لڑانے کا شوق بھی ترک کر دیا تھا۔ صحیح صورت حال سے میاں معراج دین گوجرانوالوی نے رسالہ، "غزل الغزلات" کے اقبال نمبر میں پردہ اٹھایا۔ پھر علامہ مذکور کے احوال میں اکثر آیا ہے کہ فلاں بات سنی اور آبدیدہ ہوگئے۔ فلاں ذکر ہوا اور آنسوؤں کا تربندھ گیا۔ اس کا بھید بھی علامہ مرحوم کے ایک اور قریبی دوست ڈاکٹر عین الدین ماہر امراض چشم نے کھولا۔

اس زمرے میں ڈاکٹر محمد موسیٰ پرنسپل بانگ درا ہومیوپیتھک کالج گڑھے شاہو کو رکھیئے۔ جنہوں نے علامہ اقبال مرحوم کی زندگی کے ایک اور غیر معروف گوشے کو بے نقاب کیا۔ اپنی کتاب، "تسہیل الہومیوپیتھی" کے دیباچے میں رقم طراز ہیں۔ "لوگوں کا یہ گمان غلط ہے کہ ڈاکٹر اقبال فقط نام کے ڈاکٹر تھے۔ اس عاجز کا مطالعہ اتنا نہیں کہ ان کے شاعرانہ مقام پر گفتگو کر سکے۔ ہاں اتنا وثوق سے کہہ سکتا ہوں کہ مرض کی تشخیص میں اپنے بعد میں نے انہی کو دیکھا۔ بعض اوقات دواؤں کے ضمن میں بھی ایسے قابل قدر مشورے دیتے کہ یہ عاجز اپنے تبحر علمی کے باوجود حیران رہ جاتا۔ شاعر تو ہمارے ہاں اب بھی اچھے پائے جاتے ہیں، میرے نزدیک علامہ مرحوم کی رحلت ہومیوپیتھی طب کے لئے ایک ناقابل تلافی نقصان ہے۔ میں مریضوں پر توجہ دیتا اور وہ ایک کونے میں بیٹھے حقہ پیتے رہتے۔ تاہم اس عاجز کے مطب کی کامیابی میں جو مایوس مریضوں کی آخری امید گاہ ہے اور جہاں خالص جرمن ادویات بکفایت فراہم کی جاتی ہیں، ان کے نام نامی کا بڑا دخل

تھا۔ جاننے والے جانتے ہیں کہ آپ نے اپنی ایک مشہور تصنیف کا نام بھی عاجز کے مطب کے نام پر رکھا۔

فیض صاحب کے متعلق کچھ لکھتے ہوئے مجھے تامل ہوتا ہے۔ دنیا حاسدان بد سے خالی نہیں۔ اگر کسی نے کہہ دیا کہ ہم نے تو اس شخص کو کبھی فیض صاحب کے پاس اٹھتے بیٹھتے نہیں دیکھا تو کون ان کا قلم پکڑ سکتا ہے۔ احباب پر زور اصرار نہ کرتے تو یہ بندہ بھی اپنے گوشۂ گمنامی میں مست رہتا۔ پھر بعض باتیں ایسی بھی ہیں کہ لکھتے ہوئے خیال ہوتا ہے کہ آیا یہ لکھنے کی ہیں بھی یا نہیں۔ مثلاً یہی کہ فیض صاحب جس زمانے میں پاکستان ٹائمز کے ایڈیٹر تھے، کوئی اداریہ اس وقت تک پریس میں نہ دیتے تھے جب تک مجھے دکھا نہ لیتے۔ کئی بار عرض کیا کہ ماشاء اللہ آپ خود اچھی انگریزی لکھ لیتے ہیں لیکن وہ نہ مانتے اور اگر میں کوئی لفظ یا فقرہ بدل دیتا تو ایسے ممنون ہوتے کہ خود مجھے شرمندگی ہونے لگتی۔

پھر فیض صاحب کے تعلق سے وہ باتیں یاد آتی ہیں جب فیض ہی نہیں، بخاری، سالک، خلیفہ عبدالحکیم وغیرہ ہم سبھی ہم پیالہ و ہم نوالہ دوست راوی کے کنارے ٹہلتے رہتے اور ساتھ ہی ساتھ علم و ادب کی باتیں بھی ہوتی رہتیں۔ یہ حضرات مختلف زاویوں سے سوال کرتے اور یہ بندہ اپنی فہم کے مطابق جواب دے کر ان کو مطمئن کر دیتا اور یہ بات تو نسبتاً حال کی ہے کہ ایک روز فیض صاحب نے صبح صبح مجھے آن پکڑا اور کہا، "ایک کام سے آیا ہوں۔ ایک تو یہ جاننا چاہتا ہوں کہ

یورپ میں آج کل آرٹ کے کیا رجحانات ہیں اور آرٹ پیپر کیا چیز ہوتی ہے۔ دوسرے میں واٹر کلر اور آئیل پینٹنگ کا فرق معلوم کرنا چاہتا ہوں۔ ٹھمری اور دادرا کا فرق بھی چند لفظوں میں بیان کر دیں تو اچھا ہے۔" میں نے چائے پیتے پیتے سب کچھ عرض کر دیا۔ اٹھتے اٹھتے پوچھنے لگے۔ "ایک اور سوال ہے۔ غالب کس زمانے کا شاعر تھا اور کس زبان میں لکھتا تھا؟" وہ بھی میں نے بتایا۔ اس کے کئی ماہ بعد تک ملاقات نہ ہوئی۔ ہاں اخبار میں پڑھا کہ لاہور میں آرٹ کونسل کے ڈائریکٹر ہو گئے ہیں۔ غالباً اس نوکری کے انٹرویو میں اس قسم کے سوال پوچھے جاتے ہوں گے۔

اکثر لوگوں کو تعجب ہوتا ہے کہ، "نقش فریادی" کا رنگ کلام اور ہے اور فیض صاحب کے بعد کے مجموعوں، "دست صبا" اور، "زنداں نامہ" کا اور اب چونکہ اس کا پس منظر راز نہیں رہا اور بعض حلقوں میں بات پھیل گئی ہے، لہٰذا اسے چھپانے کا کچھ فائدہ نہیں۔ فیض صاحب جب جیل گئے ہیں تو ویسے تو ان کو زیادہ تکلیف نہیں ہوئی لیکن کاغذ قلم ان کو نہیں دیتے تھے اور نہ شعر لکھنے کی اجازت تھی۔ مقصد اس کا یہ تھا کہ ان کی آتش نوائی پر قدغن رہے اور لوگ انہیں بھول بھال جائیں، لیکن وہ جو کہتے ہیں:

" تدبیر کند بندہ تقدیر زند خندہ۔" فیض صاحب جیل سے باہر آئے تو سالم تانگہ لے کر سیدھے میرے پاس تشریف لائے اور ادھر ادھر کی باتوں کے بعد کہنے لگے، "اور تو سب ٹھیک ہے لیکن سوچتا ہوں، میرے ادبی مستقبل کا اب کیا ہو

گا۔"

میں نے مسکراتے ہوئے میز کی دراز میں سے کچھ مسودے نکالے اور کہا یہ میری طرف سے نذر ہیں۔ پڑھتے جاتے تھے اور حیران ہوتے جاتے تھے۔ فرمایا۔ "بالکل یہی جذبات میرے دل میں آتے تھے۔ لیکن ان کو قلم بند نہ کر سکتا تھا۔ آپ نے اس خوبصورتی سے نالے کو پابند نے کیا ہے کہ مجھے اپنا ہی کلام معلوم ہوتا ہے۔"

میں نے کہا۔ "برادر عزیز! بنی آدم اعضائے یک دیگر اند۔ تم پر جیل میں جو گزرتی تھی۔ اسے میں یہاں بیٹھے بیٹھے محسوس کرلیتا تھا۔ ورنہ من آنم کہ من دانم۔ بہر حال اب اس کلام کو اپنا ہی سمجھو بلکہ اس میں، میں نے تخلص بھی تمہارا ہی باندھا ہے اور ہاں نام بھی میں تجویز کیے دیتا ہوں۔ آدھے کلام کو، "دست صبا"، کے نام سے شائع کرو اور آدھے کو، "زنداں نامہ" کا نام دو۔" اس پر بھی ان کو تامل رہا۔ بولے، "یہ برا سا لگتا ہے کہ ایسا کلام جس پر ایک محب صادق نے اپنا خون جگر ٹپکایا ہو اپنے نام سے منسوب کر دوں۔" میں نے کہا۔ "فیض میاں دنیا میں چراغ سے چراغ جلتا آیا ہے، شیکسپیئر بھی تو کسی سے لکھوایا کرتا تھا۔ اس سے اس کی عظمت میں کیا فرق آیا؟" اس پر لاجواب ہوگئے اور رقت طاری ہوگئی۔

فیض صاحب میں ایک اور بات میں نے دیکھی۔ وہ بڑے ظرف کے آدمی ہیں۔ ایک طرف تو انہوں نے کسی پر کبھی یہ راز افشا نہ کیا کہ یہ مجموعے ان کا نتیجہ

فکر نہیں۔ دوسری طرف جب لینن انعام لے کر آئے تو تمغہ اور آدھے روبل میرے سامنے ڈھیر کر دیئے کہ اس کے اصل حق دار آپ ہیں۔ اس طرح کے اور بہت سے واقعات ہیں۔ بیان کرنے لگوں تو کتاب ہو جائے، لیکن جیسا کہ میں نے عرض کیا نمود و نمائش سے اس بندے کی طبیعت ہمیشہ نفور رہی ہے۔ وما توفیقی الا باللہ۔

٭ ٭ ٭

جنتری نئے سال کی

آمد بہار کی ہے جو بلبل ہے نغمہ سنج۔

یعنی بلبل بولتا تھا یا بولتی تھی تو لوگ جان لیتے تھے کہ بہار آگئی ہے۔ ہم نئے سال کی آمد کی فال جنتریوں سے لیتے ہیں۔ ابھی سال کا آغاز دور ہوتا ہے کہ بڑی بڑی مشہور عالم، مفید عالم جنتریاں دکانوں پر آن موجود ہوتی ہیں۔ بعض لوگ جنتری نہیں خریدتے۔ خدا جانے سال کیسے گزارتے ہیں۔ اپنی قسمت کا حال، اپنے خوابوں کی تعبیر، اپنا ستارہ (چاند سورج وغیرہ بھی) کیسے معلوم کرتے ہیں۔ سچ یہ ہے کہ جنتری اپنی ذات سے قاموس ہوتی ہے۔

ایک جنتری خرید لو اور دنیا بھر کی کتابوں سے بے نیاز ہو جاؤ۔ فہرست تعطیلات اس میں، نماز عید اور نماز جنازہ پڑھنے کی تراکیب، جانوروں کی بولیاں، دائمی کیلنڈر، محبت کے تعویذ، انبیائے کرام کی عمریں، اولیائے کرام کی کرامتیں، لکڑی کی پیمائش کے طریقے، کون سا دن کس کام کے لیے موزوں ہے۔ فہرست عرس ہائے بزرگان دین، صابن سازی کے گر، شیخ سعدی کے اقوال، چینی کے برتن توڑنے اور شیشے کے برتن جوڑنے کے نسخے، اعضاء پھڑکنے کے نتائج، کرہ ارض

کی آبادی، تاریخ وفات نکالنے کے طریقے۔ یہ محض چند مضامین کا حال ہے۔ کوزے میں دریا بند ہوتا ہے اور دریا میں کوزہ۔ یوں تو سبھی جنتریاں مفید مضامین کی پوٹ ہوتی ہیں، جو ذرہ جس جگہ ہے وہیں آفتاب ہے لیکن روشن ضمیر جنتری (جیبی) کو خاص شہرت حاصل ہے، اس وقت ہمارے سامنے اسی کا تازہ ترین ایڈیشن ہے۔ ایک باب اس میں ہے "کون سا دن کون سے کام کے لیے موزوں ہے۔"

ہفتہ، سفر کرنے، بچوں کو اسکول میں داخل کرانے کے لیے۔

اتوار، شادی کرنے، افسروں سے ملاقات کرنے کے لیے۔

بدھ، نیا لباس پہننے، غسل صحت کے لیے۔

جمعرات، حجامت بنانے، دعوت احباب کے لیے۔

جمعہ، غسل اور شادی وغیرہ کرنے کے لیے۔

ہم نے دیکھا ہے کہ لوگ اندھا دھند جس دن جو کام چاہیں کر دیتے ہیں۔ یہ جنتری سب کے پاس ہو تو زندگی میں انضباط آ جائے۔ ہفتے کا دن آیا اور سبھی لوگ سوٹ کیس اٹھا کر سفر پر نکل گئے۔ جو نہ جا سکے وہ بچوں کو اسکول میں داخل کرانے پہنچ گئے۔ اس سے غرض نہیں کہ اسکول کھلے ہیں یا نہیں یا کسی کے بچے ہیں بھی یا نہیں۔ جدھر دیکھو بھیڑ لگی ہے۔ اتوار کو ہر گھر کے سامنے چھولداریاں تنی ہیں اور ڈھولک بج رہی ہے۔ لوگ سہرے باندھنے کے بعد جنتری ہاتھ میں لیے افسروں سے ملاقات کرنے چلے جا رہے ہیں۔ بدھ کو سبھی حماموں میں پہنچ گئے اور جمعرات

کو سبھی نے حجامت بنوائی، اور دوستوں کے پیچھے پیچھے پھر رہے ہیں کہ ہمارے ہاں آکر دعوت کھا جائیو۔ جمعہ کو نکاح ثانی کا نمبر ہے۔ جو لوگ اس منزل سے گزر چکے ہیں وہ دن بھر نل کے نیچے بیٹھ کر نہائیں کہ ستاروں کا یہی حکم ہے۔

ہم جو خواب دیکھتے ہیں وہ بالعموم عام قسم کے ہوتے ہیں اور صبح تک یاد بھی نہیں رہتے۔ جنتری سے معلوم ہوا کہ خوابوں میں بھی بڑے تنوع کی گنجائش ہے۔ خواب میں پھانسی پانے کا مطلب ہے بلند رتبہ حاصل ہونا۔ افسوس کہ ہم نے خواب تو کیا اصل زندگی میں بھی پھانسی کبھی نہ پائی۔ بلند مرتبہ نہ مل سکنے کی اصل وجہ اب معلوم ہوئی۔ من نہ کردم شما حذر بکنید۔ اسی طرح گھوڑا دیکھنے کا مطلب ہے دولت حاصل کرنا۔ قیاس کہتا ہے کہ مطلب وکٹوریہ کے گھوڑے سے نہیں، ریس کے گھوڑے سے ہے۔ خچر دیکھنے سے مراد ہے سفر پیش آنا۔ جو لوگ ہوائی جہاز سے سفر کرتے ہیں ان کو ہوائی جہاز دیکھنا چاہیے۔ بلی کا پنجہ مارنا بیماری کے آنے کی علامت ہے۔ سانپ کا گوشت کھانا دشمن کا مال حاصل ہونے کی۔ خواب میں کان میں چیونٹی گھس آئے تو سمجھیے موت قریب ہے۔ (خواب کے علاوہ گھس آئے تو چنداں حرج نہیں، سرسوں کا تیل ڈالیے نکل آئے گی۔) اپنے سر کو گدھے کا سر دیکھنے کا مطلب ہے عقل کا جاتے رہنا۔ یہ تعبیر ہم خود سوچ سکتے تھے۔ کوئی آدمی اپنے سر کو گدھے کا سر (خواب میں بھی) دیکھے گا، اس کے متعلق کیا کہا جا سکتا ہے؟ خواب میں مردے سے مصافحہ کرنے کی تعبیر ہے درازی عمر، خدا جانے یہاں عمر فانی سے مراد

ہے یا عمر جاودانی سے۔

ایک باب اس میں جسم کے اعضا کے پھڑکنے اور ان کے عواقب کے بارے میں بھی ہے۔ آنکھ پھڑکنا تو ایک عام بات ہے۔ رخسار، شانہ راست، گوش چپ، انگشت چہارم، زبان، گلہ، گردن بجانب چپ، ٹھوڑی، بغل راست وغیرہ، ان پچاسی اعضا میں سے ہیں جن کے پھڑکنے پر نظر رکھنی چاہیے۔ ان میں بعض کے نتائج ایسے ہیں کہ ہم نقل کر دیں تو فحاشی کی زد میں آجائیں۔ ایک دو امور البتہ فاضل مرتبین نظر انداز کر گئے۔ نگہ انتخاب کی پسلی پھڑک اٹھنا استادوں کے کلام میں آیا ہے۔ اس کا نتیجہ نہیں دیا گیا۔ ہماری رگ حمیت بھی کبھی کبھی پھڑک اٹھتی ہے۔ اس کے عواقب کی طرف بھی یہ جنتری رہنمائی نہیں کرتی۔ یہ نقائص رفع ہونے چاہئیں۔ یہ معلومات تو شائد کہیں اور بھی مل جائیں لیکن اس جنتری کا مغز محبت کے عملیات اور تعویذات ہیں جو حکمی تاثیر رکھتے ہیں۔ قیس میاں کی نظر سے کوئی ایسی جنتری گزری ہوتی تو جنگلوں میں مارے مارے نہ پھرتے۔ ایک نسخہ حاضر ہے۔

"محبت کے مارے کو چاہیے کہ ۱۲ مارچ کو بوقت ایک گھڑی بعد طلوع آفتاب مشرق کی طرف منہ کر کے نقش ذیل کو نام مطلوب بمع والدہ مطلوب الو کے خون سے لکھ کر اپنے داہنے بازو پر باندھے اور مطلوب کو ۲۰ مارچ بوقت صبح ایک گھڑی ۴۵ پل پر بعد طلوع آفتاب اپنا سایہ دے۔ مطلوب فوراً مشتاق ہو جائے گا۔

۱۱ ع ۱۱ ع ۱۰ م و م ۱۱ ، ۹۱

نام مطلوب مع والدہ مطلوب، اپنا نام مع نام والدہ

یہاں بعض باتیں جی میں آتی ہیں۔ اگر مطلوب یا محبوب بات نہیں کرتا تو اس کی والدہ اور دیگر رشتہ داروں کے نام کیسے معلوم کیے جائیں؟ پھر الو کیسے پکڑا جائے اور ۲۰ مارچ کو بوقت صبح عین ایک گھڑی ۴۵ پل بعد طلوع آفتاب مطلوب کو کیسے مجبور کیا جائے کہ طالب کے سایے میں آئے۔ ان باتوں کا جنتری میں کوئی ذکر نہیں۔ ہاں جنتری کے پبلشر نے جنتر منتر مکمل نامی جو کتاب بقیمت چھ روپے شائع کی ہے۔ اس میں ان کی تفصیل ملے گی۔

جو لوگ ہماری طرح تن آسان ہیں، محبت میں اتنا کشٹ نہیں اٹھا سکتے، ان کے لیے مرتب جنتری نے کچھ آسان تر عمل بھی دیے ہیں جن کی بدولت محبوب قدموں پر تو آ کر خیر نہیں گرتا لیکن مائل ضرور ہو جاتا ہے۔ ان میں سے ایک تعویذ ہے جسے ہر روز کاغذ کے چالیس ٹکڑوں پر لکھ کر اور نیچے طالب و مطلوب کے نام درج کر کے آٹے کی گولیوں میں لپیٹ کر دریا میں ڈالنا چاہیے۔ اور چالیس دن تک یہی کرنا چاہیے۔ ہم نے حساب لگایا ہے۔ از راہ کفایت آدھے تولے کی گولی بھی بنائی جائے تو ایک پاؤ روزانہ یعنی دس سیر آٹے میں محبوب کو راضی کیا جا سکتا ہے۔ جو حضرت اس میں بھی خست کریں اور اپنی محبت کو بالکل پاک رکھنا چاہیں، وہ ایک اور عمل کی طرف رجوع کر سکتے ہیں۔ وہ یہ کہ جب بھی محبوب سامنے آئے، آہستہ سے دل میں بسم اللہ الصمد، دس بار پڑھیں اور آخر میں محبوب کی طرف منہ کر کے

پھونک ماریں۔ اس طرح کہ منہ کی ہوا اس کے کپڑوں کو چھو سکے۔ پندرہ بیس مرتبہ ایسا کرنے سے اس کے دل میں قرار واقعی محبت پیدا ہو جائے گی۔

یہ عمل بظاہر تو آسان معلوم ہوتا ہے لیکن عملاً ایسا آسان بھی نہیں۔ اول تو محبوب کو اتنی دیر سامنے کھڑا رہنے پر مجبور کرنا کہ آپ دس بار عمل پڑھ کر پھونکیں مار سکیں اور وہ بھاگے نہیں، اپنی جگہ ایک مسئلہ ہے۔ پھر آپ جو پھونکیں ماریں گے، اس بنا پر محبوب کیا رائے قائم کرے گا، اس کے متعلق ہم کچھ نہیں کہہ سکتے۔ زیادہ شوقین مزاج ان دونوں سے قطع نظر کرکے "محبت کا سرمہ" استعمال کر سکتے ہیں جس کا بنانا تھوڑی محنت تو ضرور لے گا لیکن اس کا جادو بھی عالمگیر ہے۔ یعنی صرف محبوب ہی پر کاری اثر نہیں کرتا بلکہ لکھنے والے نے لکھا ہے کہ یہ سرمہ ڈال کر "جس کی طرف بھی صبح سویرے دیکھے وہی محبت میں مبتلا ہو جائے گا۔"

یہ سرمہ بنانے کے لیے حاجتمند کو ۱۹ فروری کا انتظار کرنا پڑے گا۔ اس روز وہ "بوقت طلوع آفتاب پرانی داتن کو جلا کر اس کی راکھ میں چمگادڑ کا خون ملائے اور اس سے یہ نقش بوقت صبح ایک گھڑی ۱۵ پل بعد طلوع آفتاب لکھے اور اس پر سورۃ فلق گیارہ سو بار پڑھے۔ پھر نئے چراغ میں روغن کنجد (تل کا تیل) ڈال کر جلائے اور اس کی سیاہی آنکھوں میں ڈالے۔" حسب ہدایت ایک صاحب نے یہ سرمہ دنبالہ دار لگایا تھا۔ اتنا ہم نے بھی دیکھا کہ محبوب انہیں دیکھتے ہی ہنس دیا۔ آگے کا حال ہمیں معلوم نہیں۔

یہی نہیں، صابن اور تیل تیار کرنے، بوٹ پالش بنانے، کھٹمل اور مچھر مارنے اور مشہور عام ادویہ کی نقلیں تیار کرنے کی ترکیبیں بھی اس میں درج ہیں۔ لوگ اکثر شکایت کرتے ہیں کہ اردو میں کوئی انسائیکلوپیڈیا نہیں۔ معلومات کی کتاب نہیں۔ انسائیکلوپیڈیا کیا ہوتی ہے۔ ہے ادب شرط منہ نہ کھلوائیں۔ ہم نے انسائیکلوپیڈیا برٹینکا وغیرہ دیکھی ہیں۔ الم غلم مضامین کا طومار ہے۔ اہل دل کے مطلب کی ایک بات بھی نہیں۔ نہ نسخے نہ تعویذ۔ نہ عرسوں کی تاریخیں نہ محبت کے عملیات، نہ خواب نہ خوابوں کی تعبیریں۔ ہمارا یہ دستور ہو گیا ہے کہ باہر کی چیز کو ہمیشہ اچھا جانیں گے، اپنے ہاں کے سونے کو بھی مٹی گردانیں گے۔

***

رامائن اور مہابھارت

رامائن رام چندر جی کی کہانی ہے۔ یہ راجہ دسرتھ کے پرنس آف ویلز تھے۔ لیکن ان کی سوتیلی ماں کیکئی اپنے بیٹے بھرت کو راجا بنانا چاہتی تھی۔ اس کے بہکانے پر راجا دسرتھ نے رام چندر جی کو چودہ برس کے لیے گھر سے نکال دیا۔ ان کی رانی سیتا کو بھی۔ ان کے بھائی لچھمن بھی ساتھ ہو لیے۔ بن باس کے لیے نکلتے وقت رام چندر جی کے پاس کچھ بھی نہ تھا۔ بس ایک کھڑاؤں تھی۔ وہ بھی بھرت نے رکھوالی کہ آپ کی نشانی ہمارے پاس رہنی چاہیے۔ اس کھڑاؤں کو بھرت تخت کے پاس بلکہ اوپر رکھتا تھا تاکہ رام چندر جی کا کوئی آدمی چرا کے نہ لے جائے۔

جنگل میں رہنے کی وجہ سے ان کو گزارے میں چنداں تکلیف نہ ہوتی تھی۔ رام جی تو آخر رام جی تھے، زیادہ کام ان کا لکشمن یعنی برادر خورد کیا کرتے تھے۔ یہ لوگ گن گن کر دن گزار رہے تھے کہ کب بارہ برس پورے ہوں اور کب یہ واپس جا کر راج پاٹ سنبھالیں اور رعایا کی بے لوث خدمت کریں۔

ایک روز جب کہ رام اور لچھمن دونوں شکار کو گئے ہوئے تھے، لنکا کا راجا راون آیا اور سیتا جی کو اٹھا لے گیا۔ اس پر رام چندر جی اور راون میں لڑائی ہوئی۔ گھمسان

کارن پڑا جیسا کہ دسہرے کے تہوار میں پڑتا آپ نے دیکھا ہو گا۔ ہنومان جی اور ان کے بندروں نے رام چندر جی کا ساتھ دیا اور وہ راون اور اس کے راکششوں کو مار کر جیت گئے۔ پرانے خیال کے ہندو اسی لیے بندروں کی اتنی عزت کرتے ہیں۔ ان کو انسانوں پر ترجیح دیتے ہیں۔

مہابھارت

مہابھارت کوروں اور پانڈوؤں کی لڑائی کی داستان ہے۔ کورو تو جیسا کہ نام ہی سے ظاہر ہے، بڑے کور چشم لوگ تھے۔ ہاں پانڈو اچھے تھے۔ اتنا ضرور ہے کبھی کبھی جوا کھیل لیتے تھے۔ اور تعدد ازدواج کا رواج بھی ان میں تھا، یعنی ایک عورت کے پانچ شوہر ہو سکتے تھے۔ یکے بعد دیگرے نہیں۔ وہ تو آج کل بھی ہوتے ہیں بلکہ بیک وقت دروپدی پانچوں پانڈوؤں کی بلاشرکت غیرے بیوی تھی۔ چونکہ اس کا سلوک پانچوں سے یکساں تھا اس لیے ہم اس معاملے پر زیادہ اعتراض نہیں کرتے۔

مہابھارت کے زمانے میں شادی میں ایسی مشکلات ہوتی تھیں جیسی آج کل ہوتی ہیں کہ لڑکے کا حسب نسب، جائداد اور تعلیم وغیرہ پوچھتے ہیں حتی کہ ذریعہ روزگار بھی، پنجابی یوپی کا سوال بھی اٹھتا ہے اور شیعہ سنی کی دیکھ پرکھ بھی ہوتی ہے۔ مہابھارت کے سنہری زمانے میں سوئمبر رچاتے تھے۔ جو شخص بھی نیچے تیل کے کنڈ میں عکس پر نظر جمائے اوپر گھومتی مچھلی کی آنکھ میں تیر کا نشانہ لگاتا تھا اس کے سر

اپنی لڑکی منڈھ دیتے تھے۔ دروپدی کے سوئمبر میں ارجن نے تیر مارا جو گھومتی مچھلی کی آنکھ میں سیدھا جا لگا۔ یہ حسن اتفاق تھا ورنہ تو ایسے کرتب کے لیے آدمی کا ماہر بازی گر یا نٹ ہونا ضروری ہے ہم آپ نہیں لگا سکتے۔

کورو پانڈوں میں لڑائی کیوں ہوئی تھی؟ یہ ہم نہیں جانتے۔ ہر لڑائی کے لیے وجہ کا ہونا ضروری بھی نہیں۔ اب کچھ آنکھوں دیکھا حال اس لڑائی کا سنیے۔

خواتین و حضرات! یہ کوروکشیتر کا میدان ہے جو تحصیل کیتھل ضلع کرنال میں واقع ہے۔ لڑائی اب شروع ہونے ہی والی ہے۔ کورو ایک طرف ہیں پانڈو دوسری طرف ہیں۔ یہ ہونا بھی چاہیے۔ دونوں ایک طرف ہوں تو لڑائی کا کچھ مزہ نہ آئے۔ لڑنے والوں کے علاوہ بھی کچھ لوگ میدان میں نظر آ رہے ہیں۔ یہ درونا اچاریہ ہیں۔ دونوں فریقوں کے بزرگ ہیں۔ اپنا لشکر کوروؤں کو دے رکھا ہے۔ آشیر واد پانڈوؤں کو دے رکھی ہے۔

پانڈوؤں کا مطالبہ تھا کہ آپ آشیر واد کوروؤں کو دے دیں۔ لشکر ہمیں دے دیں لیکن اچاریہ جی نہیں مانے۔

یہ کون ہے؟ یہ کرشن جی ہیں۔ مشہور افسانہ نگار کرشن نہیں نہ مہاشہ کرشن بلکہ اور صاحب ہیں۔ کرشن کنھیا کہلاتے ہیں۔ ابھی ابھی گوپیوں کے پاس سے آئے ہیں۔ مکھن ابھی تک ہونٹوں پر لگا ہے۔ بیٹھے گیتا لکھ رہے ہیں، ارجن کو اپدیش دے رہے ہیں کہ مارو، مارو، اپنوں کو مارو، جھجکو نہیں۔ تاج و تخت کا معاملہ ہے مذاق

کی بات نہیں۔

یاد ہے کہ کورو اور پانڈو ایک دوسرے کے کزن ہیں۔ اے لو کھانڈے سے کھانڈا بجنے لگا اور رتھ سے رتھ ٹکرا رہا ہے۔ یہ لڑائی تو لمبی چلتی معلوم ہوتی ہے۔ لہٰذا اب ہم واپس اسٹوڈیو چلتے ہیں۔

❊ ❊ ❊

چند سبق آموز کہانیاں

ایک تھی چڑیا ایک تھا چڑا، چڑیا لائی دال کا دانا۔ چڑا لایا چاول کا دانا۔ اس سے کھچڑی پکائی۔ دونوں نے پیٹ بھر کر کھائی۔ آپس میں اتفاق ہو تو ایک ایک دانے کی کھچڑی بھی بہت ہو جاتی ہے۔ چڑا بیٹھا اونگھ رہا تھا کہ اس کے دل میں وسوسہ آیا کہ چاول کا دانا بڑا ہوتا ہے۔ دال کا دانا چھوٹا ہوتا ہے۔ پس دوسرے روز کھچڑی پکی تو چڑے نے کہا اس میں سے چھپن حصے مجھے دے۔ چوالیس حصے تو لے۔ اے بھاگوان۔ پسند کر یا ناپسند کر۔ حقائق سے آنکھیں مت بند کر۔ چڑے نے اپنی چونچ میں سے چند نکات بھی نکالے اور اس بی بی کے آگے ڈالے۔ بی بی حیران ہوئی بلکہ رو رو کر ہلکان ہوئی کہ اس کے ساتھ تو میرا جنم کا ساتھ تھا لیکن کیا کر سکتی تھی۔

دوسرے دن پھر چڑیا دال کا دانا لائی اور چڑا چاول کا دانا لایا۔ دوسرے دن الگ الگ ہنڈیا چڑھائی۔ کھچڑی پکائی۔ کیا دیکھتے ہیں کہ دو ہی دانے ہیں۔ چڑے نے چاول کا دانا کھایا۔ چڑیا نے دال کا دانا اٹھایا۔ چڑے کو خالی چاول سے پیچش ہو گئی۔ چڑیا کو خالی دال سے قبض ہو گئی۔ دونوں ایک حکیم کے پاس گئے جو ایک بلا تھا۔ اس نے دونوں کے سروں پر شفقت کا ہاتھ پھیرا اور پھیرتا ہی چلا گیا۔

دیکھا تو تھے دو مشت پر۔

یہ کہانی بہت پرانے زمانے کی ہے۔ آج کل تو چاول ایکسپورٹ ہو جاتا ہے اور دال مہنگی ہے، اتنی کہ وہ لڑکیاں جو مولوی اسمٰعیل میرٹھی کے زمانے میں دال بگھارا کرتی تھیں آج کل فقط شیخی بگھارتی ہیں۔

**

ایک تھا گورو، بڑا نیک دھرماتما۔ دو اس کے چیلے تھے۔ وفادار، جاں نثار، گورو کے خون کی جگہ اپنا پسینہ بہانے کے لیے تیار۔ ایک کا شبھ نام پور بومل تھا، دوسرے کا پچھمی چند۔ گورو جی جب لوگوں کو اپدیش دینے اور ان کی مرادیں پوری کرنے کے بعد آرام کرنے کو لیٹتے تو چیلا پور بومل ان کی داہنی ٹانگ دباتا اور پچھمی چند بائیں ٹانگ کی ٹہل سیوا کرتا۔ دونوں اپنے اپنے حصے کی ٹانگ کی مٹھی چاپی کرتے۔ تیل چپڑ کر اسے چمکاتے۔ جھنڈیاں اور گھنگرو باندھ کر اسے سجاتے۔ اس پر مکھی بھی نہ بیٹھنے دیتے تھے۔ ایک روز کرنا پرماتما کا ایسا ہوا کہ گورو جی ایک کروٹ لیٹ گئے اور ان کی بائیں ٹانگ داہنی ٹانگ کے اوپر جا پڑی۔ چیلے پور بومل کو بہت غصہ آیا۔ اس نے فوراً ایک ڈنڈا اٹھایا اور بائیں ٹانگ پر رسید کر دیا۔ گورو جی نے بلبلا کر داہنی ٹانگ اوپر کر لی۔ اب پچھمی چند کی غیرت نے جوش مارا۔ اس نے اپنی لٹھیا اٹھائی اور داہنی ٹانگ کی خوب مرمت کی۔

گورو جی بہت چلائے کہ ظالمو! کیوں مارے ڈالتے ہو۔ ہائے! لیکن چیلے کب

مانتے تھے۔ گوروجی کی ٹانگیں سوج کر کپا ہوگئیں۔ مدتوں ہلدی چونا لگانا پڑا۔ اب آگے چلیے۔ کہانی ابھی ختم نہیں ہوئی۔ لالہ پچھمی چند کے کئی بیٹے تھے۔ بڑے ہونہار اور ہوشیار۔ پشاوری مل، سندھورام، لاہوری مل اور بلوچ رائے۔ لالہ جی کا دیہانت ہوا تو یہ ٹانگ انہوں نے ورثے میں پائی۔ وہ گوروجی کی ٹانگ دباتے تھے لیکن کوئی ران کا حصہ زیادہ دباتا تھا، کوئی پنڈلی پر زیادہ توجہ دیتا تھا۔ آخر ایک زبردست جھگڑا ہوا۔ اور طے ہوا کہ ہم اپنا حصہ الگ کرلیں گے۔ لالہ پوکومل نے کہا۔ ہاں ہاں، ٹھیک کہہ رہے ہو۔ میں بھی اپنے حصے کی ٹانگ کاٹ کر لے جارہا ہوں۔ اب ان برخورداروں نے گنڈاسہ منگوایا۔ ایک نے ران سنبھالی بوری میں ڈالی۔ دوسرے نے پنڈلی لے لی تیسرے نے گھٹنا اٹھایا۔ چوتھے نے باقی کو سمیٹا اور گھر کی راہ لی اور اس کے بعد سبھی ہنسی خوشی زندگی بسر کرنے لگے۔

گوروجی کا کیا ہوا؟ مرے یا جیے۔ جیے تو کتنے دن تک جیے۔ اس کا کہانی میں ذکر نہیں۔

* *

ایک تھا کچھوا۔ ایک تھا خرگوش۔ دونوں نے آپس میں دوڑ کی شرط لگائی۔ کوئی کچھوے سے پوچھے کہ تونے کیوں لگائی؟ کیا سوچ کر لگائی۔ دنیا میں احمقوں کی کمی نہیں۔ ایک ڈھونڈو ہزار ملتے ہیں۔ طے یہ ہوا کہ دونوں میں سے جو نیم کے ٹیلے تک پہلے پہنچے، وہ میری سمجھا جائے۔ اسے اختیار ہے کہ ہارنے والے کے کان کاٹ لے۔

دوڑ شروع ہوئی۔ خرگوش تو یہ جا وہ جا، پلک جھپکنے میں خاصی دور نکل گیا۔ میاں کچھوے وضع داری کی چال چلتے منزل کی طرف رواں ہوئے۔ تھوڑی دور پہنچے تو سوچا بہت چل لیے۔۔۔ اب آرام بھی کرنا چاہیے۔ ایک درخت کے نیچے بیٹھ کر اپنے شان دار ماضی کی یادوں میں کھوگئے۔ جب اس دنیا میں کچھوے راج کیا کرتے تھے۔ سائنس اور فنون لطیفہ میں بھی ان کا بڑا نام تھا۔ یونہی سوچتے میں آنکھ لگ گئی۔ کیا دیکھتے ہیں کہ خود تو تخت شاہی پر بیٹھے ہیں۔ باقی زمینی مخلوق شیر، چیتے، خرگوش، آدمی وغیرہ ہاتھ باندھے کھڑے ہیں یا فرشی سلام کر رہے ہیں۔ آنکھ کھلی تو ابھی سستی باقی تھی۔ بولے ابھی کیا جلدی ہے۔ اس خرگوش کے بچے کی کیا اوقات ہے۔ میں بھی کتنے عظیم ورثے کا مالک ہوں۔ واہبئی واہ میرے کیا کہنے۔

جانے کتنا زمانہ سوئے رہے تھے۔ جب جی بھر کے ستا لیے تو پھر ٹیلے کی طرف رواں ہوئے۔ وہاں پہنچے تو خرگوش کو نہ پایا۔ بہت خوش ہوئے۔ اپنے کو داد دی کہ واہ رے مستعدی میں پہلے پہنچ گیا۔ بھلا کوئی میرا مقابلہ کر سکتا ہے؟ اتنے میں ان کی نظر خرگوش کے ایک پلے پر پڑی جو ٹیلے کے دامن میں کھیل رہا تھا۔ کچھوے نے کہا، "اے برخوردار تو خرگوش خان کو جانتا ہے؟" خرگوش کے بچے نے کہا، "جی ہاں جانتا ہوں۔ میرے ابا حضور تھے۔ معلوم ہوتا ہے آپ وہ کچھوے میاں ہیں جنہوں نے باوا جان سے شرط لگائی تھی۔ وہ تو پانچ منٹ میں یہاں پہنچ گئے تھے۔ اس کے بعد مدتوں آپ کا انتظار کرتے رہے۔ آخر انتقال کر گئے۔ جاتے ہوئے

وصیت کر گئے تھے کہ کچھوے میاں آئیں تو ان کے کان کاٹ لینا۔ اب لایئے ادھر کان۔"

کچھوے نے اپنے کان اور سری خول کے اندر کرلی۔ آج تک چھپائے پھرتا ہے۔

**

ایک کوا روٹی کا ٹکڑا لیے ہوئے ایک درخت کی ٹہنی پر بیٹھا تھا۔ ایک لومڑی کا گزر ادھر سے ہوا۔ منہ میں پانی بھر آیا (لومڑی کے) سوچا کہ کوئی ایسی ترکیب کی جائے کہ یہ اپنی چونچ کھول دے اور یہ روٹی کا ٹکڑا میں جھپٹ لوں۔ پس اس نے مسکین صورت بنا کر اور منہ اوپر اٹھا کر کہا، کوے میاں کو سلام! تیرے حسن کی کیا تعریف کروں۔ کچھ کہتے ہوئے جی ڈرتا ہے۔ واہ واہ وا، چونچ بھی کالی، پر بھی کالے، آج کل تو دنیا کا مستقبل کالوں ہی کے ہاتھ میں ہے۔ افریقہ میں بھی بیداری کی لہر دوڑ گئی ہے۔ لیکن خیر، یہ سیاست کی باتیں ہیں۔ آمدم بر سر مطلب میں نے تیرے گانے کی تعریف سنی ہے۔ تو اتنا خوب صورت ہے تو گاتا بھی اچھا ہو گا۔ مجھے گانا سننے کا شوق یہاں کھینچ لایا ہے۔ ہاں تو اک آدھ ٹھمری ہو جائے۔"

کوا پھولا نہ سمایا لیکن سیانے پن سے کام لیا۔ روٹی کا ٹکڑا منہ سے نکال کر پنجے میں تھاما اور لگا کائیں کائیں کرنے۔ بی لومڑی کا کام نہ بنا تو یہ کہتی ہوئی چل دی، "ہت تیرے کی۔ بے سرا بھانڈ معلوم ہوتا ہے۔ تو نے بھی حکایات لقمان پڑھ رکھی

ہے۔"

※ ※

ایک پیاسے کوے کو ایک جگہ پانی کا مٹکا پڑا نظر آیا۔ بہت خوش ہوا لیکن یہ دیکھ کر مایوسی ہوئی کہ پانی بہت نیچے ہے۔ مٹکے کی تہ میں تھوڑا سا ہے۔ سوال یہ تھا کہ پانی کو کیسے اوپر لائے اور اپنی چونچ تر کرے۔ اتفاق سے اس نے حکایات لقمان پڑھ رکھی تھی۔ پاس ہی بہت سے کنکر پڑے تھے۔ اس نے اٹھا کر ایک ایک کنکر اس میں ڈالنا شروع کیا۔ کنکر ڈالتے ڈالتے صبح سے شام ہوگئی۔ پیاسا تو تھا ہی نڈھال ہو گیا۔ مٹکے کے اندر نظر ڈالی تو کیا دیکھتا ہے کہ کنکر ہی کنکر ہیں۔ سارا پانی کنکروں نے پی لیا ہے۔ بے اختیار اس کی زبان سے نکلا، "ہت تیرے کی لقمان۔" پھر بے سدھ ہو کر زمین پر گر گیا اور مر گیا۔

اگر وہ کوا کہیں سے ایک نلکی لے آتا تو مٹکے کے منہ پر بیٹھا بیٹھا پانی کو چوس لیتا۔ اپنے دل کی مراد پاتا۔ ہر گز جان سے نہ جاتا۔

※ ※ ※

سوئی میں اونٹ کیسے ڈالا جائے

ہم قارئین کرام کے اصرار پر خانہ داری کے کچھ چٹکلے درج کرتے ہیں۔ امید ہے قارئین انہیں مفید پائیں گی اور ہمیں دعائے خیر سے یاد کریں گی۔

سوئی میں دھاگا ڈالنا

یہ کام بہ ظاہر مشکل معلوم ہو گا لیکن اگر ذرا توجہ سے اس کی ترکیب کو ذہن نشین کر لیا جائے تو کوئی دقت پیش نہ آئے گی۔ سب سے پہلے ایک سوئی لیجیے۔ لے لی، اب دھاگا لیجیے، اور اب وہ دھاگا اس میں ڈال دیجیے۔ بس اتنی سی بات ہے۔ احتیاط صرف اتنی لازم ہے کہ سوئی کے دوسرے ہوتے ہیں ایک نوک دوسرا ناکا۔ بعض لوگ نوک کی طرف سے ڈالنے کی کوشش کرتے ہیں۔ کبھی کبھی اس میں کامیابی بھی ہو جاتی ہے۔ لیکن یہ طریقہ غلط ہے۔ صحیح طریقہ یہ ہے کہ ناکے میں دھاگا ڈالا جائے۔

پرانی کتابوں میں آیا ہے کہ اونٹ کو سوئی کے ناکے میں سے گزارنا آسان ہے بہ نسبت اس کہ کہ کنجوس آدمی جنت میں جائے۔ اس آخر الذکر کی بات کی ہم نے کبھی کوشش نہیں کی، حالانکہ یہ لوگ کسی صورت جنت میں چلے جاتے تو وہاں جہاں

لوگوں کے گمان کے مطابق ہمارا قیام ہو گا، قدرے امن رہتا۔ اب رہا اونٹ کو سوئی کے ناکے میں سے گزارنا جسے آسان بتایا جاتا ہے۔ ہمیں اعتراف ہے کہ ابھی تک ہمیں اس میں کامیابی نہیں ہوئی۔ سچ یہ ہے کہ ابھی تک ایسا اونٹ ہمیں کوئی نہیں ملا جو اس بات پر آمادہ ہو۔ جب کہ ایسے کنجوس بے شمار مل جائے گے جو جنت میں جانے کے لیے تیار بلکہ بے تاب ہوں گے۔ ہماری ناکامی کا مطلب یہ نہیں کہ ہم مایوس ہو گئے۔ ایک طرف ہم اپنے مطلب کے اونٹ کی تلاش میں ہیں۔ دوسری طرف ایسی سوئی کی جستجو جاری ہے جس کا ناکا اتنا بڑا ہو جس میں سے یہ حیوان شریف ہنستا کھیلتا گزر سکے۔ ہمارے قارئین میں سے کسی صاحب یا صاحبہ کے پاس ایسی سوئی ہو تو عاریتاً دے کر ممنون فرمائیں۔ تجربے کے بعد واپس کر دی جائے گی۔

بٹن ٹانکنا

بٹن کئی طرح کے ہوتے ہیں۔ مثلاً کرتے کا بٹن، پتلون کا بٹن، سیپ کا بٹن، ہاتھی دانت کا بٹن، بجلی کا بٹن وغیرہ۔ بعض خاص قسم کی آنکھوں کو بھی جن کے بنانے میں کارکنانِ قضا و قدرت نے فیاضی سے مسالا استعمال نہ کیا ہو، بٹن کا نام دے دیتے ہیں لیکن یہاں ہمیں اس قسم کے بٹنوں سے کوئی سروکار نہیں۔ ان کا لگانا صرف قضا و قدرت کے درزیوں کو آتا ہے۔ بجلی کے بٹن لگانے کے لیے بھی الیکٹریشن کے لائسنس کی ضرورت ہوتی ہے۔ یہاں ہماری غرض عام قسم کے بٹنوں سے ہے جنہیں آپ بھی تھوڑی کوشش کر کے لگا سکتی ہیں۔ کوئی لائسنس وغیرہ کا

جھنجٹ بھی اس میں نہیں۔

اس کے لیے سامان بھی معمولی درکار ہے۔ سوئی، دھاگا بٹن اور دانت۔ ان کے علاوہ کپڑا بھی، کیونکہ بٹن بالعموم کپڑے پر ٹانکے جاتے ہیں لکڑی یا لوہے پر یا خلا میں نہیں۔ سوئی میں دھاگا ڈالنے کی ترکیب ہم لکھ ہی چکے ہیں۔ اب سوئی کو بٹن کے سوراخ میں سے گزارنا رہ جاتا ہے جو آپ کسی سے بھی سیکھ سکتی ہیں۔ اب بٹن لگ گیا تو فالتو دھاگا دانتوں سے کاٹ ڈالیے۔ یاد رہے کہ اس کے لیے اصلی دانت درکار ہیں۔ مصنوعی دانتوں سے کوشش کرنے میں ہم نے دیکھا ہے کہ کبھی کبھی دانت دھاگے کے ساتھ چلے جاتے ہیں۔

بٹن لگانے سے زیادہ مشکل کام بٹن توڑنا ہے۔ اور یہ ایک طرح سے دھوبیوں کا کاروباری راز ہے۔ ہم نے گھر پر کپڑے دھلوا کر اور پٹخوا کر دیکھا لیکن کبھی اس میں کامیابی نہ ہوئی جب کہ ہمارا دھوبی انہی پیسوں میں جو ہم دھلائی کے دیتے ہیں، پورے بٹن بھی صاف کرلاتا ہے، اس کے لیے الگ کچھ چارج نہیں کرتا۔ ایک اور آسانی جو اس نے اپنے سرپرستوں کے لیے فراہم کی ہے، وہ یہ ہے کہ اپنے چھوٹے بیٹے کو اپنی لانڈری کے ایک حصے میں بٹنوں کی دکان کھلوادی ہے جہاں ہر طرح کے بٹن بارعایت نرخوں پر دستیاب ہیں۔

داغ دھبے مٹانا

اس کے لیے پہلی ضروری شرط داغ دھبے ڈالنا ہے کیونکہ دھبے نہیں ہوں گے

تو آپ مٹائیں گے کیا۔ پہلے فیصلہ کیجیے کہ آپ کس قسم کے دھبے مٹانا چاہتے ہیں۔ سیاہی کے؟ اس کے لیے فونٹن پین کو قمیص پر ایک دو بار چھڑکنا کافی ہے۔ آج کل آموں کا موسم ہے۔ ان کا رس بھی پتلون پر گرایا جا سکتا ہے۔ پان کے داغ زیادہ پائیدار ہوتے ہیں، ان کے لیے کسی اسپتال یا سینما کی سیڑھیوں میں چند منٹ کھڑے ہونا کافی ہے۔ تارکول کے داغ بھی آج کل مفت ہیں کیونکہ کے ڈی اے نے، جو رفاہ عامہ کا ایک محکمہ ہے، جابجا تارکول کے ڈرم کھڑے کر رکھے ہیں اور کڑھاؤ چڑھا رکھے ہیں۔

ان داغوں کے مٹانے پر زیادہ خرچ بھی نہیں اٹھتا فقط تین روپے۔ یہ ہماری تالیف کردہ کتاب "داغ ہائے معلیٰ" کی قیمت ہے، بلکہ اس کی پانچ جلدیں اکٹھی منگائی جائیں تو لنڈا بازار اور بوتل والی گلی کے دکاندار جو ہمارے سول ایجنٹ ہیں، تول کر بھی ڈیڑھ روپے فی سیر کے حساب سے دے دیتے ہیں۔ "داغ ہائے معلیٰ" عجیب سا نام ہو گا لیکن یہ تاریخی نام ہے جس سے ۱۳۸۹ھ برآمد ہو جاتے ہیں۔ آج کل ۱۳۸۶ھ چل رہا ہے۔ اس کو ہماری کتاب کا آئندہ ایڈیشن سمجھا جائے۔

خالی وقت کیسے گزارا جائے

ایک مشہور مثل ہے کہ اچھی بات جہاں سے بھی ملے اخذ کر لینی چاہیے۔ سو اس باب میں ہم اپنے ایک انگریزی ہفتہ وار معاصر کے صفحہ خواتین سے بھی مدد لے رہے ہیں۔ فاضل مصنف یا مصنفہ نے دفع الوقتی کے لیے کوئی بے کار قسم کا

مشغلہ تجویز نہیں کیا جیسا کہ بعض لوگ قصہ خوانی، کشیدہ کاری یا بچوں کو آموختہ یاد کرانے وغیرہ کا مشورہ دیتے ہیں جس میں قطعاً کوئی فائدے یا یافت کا پہلو نہیں بلکہ لکھا ہے کہ برج، رمی یا ماہجونگ وغیرہ کھیلنے کی عادت ڈالیے۔ پرانے خیال کے لوگ رشک و حسد کے مارے ان کھیلوں پر ناک بھوں چڑھائیں گے اور ممکن ہے اس کو جوا وغیرہ بھی قرار دیں۔ لیکن ان کی پروانہ کرنی چاہیے۔

فاضل مصنف یا مصنفہ نے لکھا ہے کہ تاش کی بازی پر پیسے ضرور لگا کے کھیلئے لیکن زیادہ نہیں تھوڑے۔ اس سے واضح ہو گا کہ جوا صرف وہ ہوتا ہے جس میں زیادہ پیسے لگا کر کھیلا جائے۔ اس مضمون میں ایک اور احتیاط کی تلقین کی گئی ہے۔ لکھا ہے کہ ایسا بھی نہ ہو کہ ادھر میاں نے دفتر جانے کے لیے گھر سے باہر قدم رکھا اور ادھر بیگم صاحبہ رمی کھیلنے پڑوسن کے ہاں چلی گئیں اور پھر میاں کی واپسی کے بعد گھر تشریف لائیں۔ گویا صرف آٹھ سات گھنٹے کھیلنا کافی ہے۔ میاں کے دفتر سے آنے کے وقت کا اندازہ کر لیا جائے اور جو دس بیس روپے جیتے ہوں اس پر اکتفا کر کے اس وقت تک ضرور واپس آ جانا چاہیے۔ جو خواتین زیادہ بڑی بازی لگاتی ہیں یا میاں کی واپسی کے بعد گھر آتی ہیں ان کے متعلق بھی اس مضمون میں لکھا ہے کہ وہ نکتہ چینی سے زیادہ ہمدردی کی مستحق ہیں۔ کیا عجب ان کے جی کو کیا روگ لگا ہے جس کے فرار کے طور پر وہ شرطیں باندھ کے اور یوں جم کے رمی یا برج کھیلتی ہیں۔

ایک صاحبہ نے دفع الوقتی کے لیے ایک جانور پالنے کا شغل اختیار کیا ہے۔

انہوں نے دو خرگوش، پانچ چوہے، دو بلیلاں، ایک کتا، دس تیتر اور دو طوطے پالے تھے جن میں سے ایک بولتا بھی ہے۔ اب ان میں سے صرف چڑیاں اور دونوں طوطے رہ گئے ہیں کیونکہ چوہوں کو بلیلاں پہلے ہی روز نوش جان کر گئی تھیں اور کتے کو ناشتا دینے میں دیر ہوئی تو اس نے پچھلے منگل کو خرگوش کا صفایا کر دیا۔ یہ خیال بھی نہ کیا کہ اس روز گوشت کا ناغہ ہوتا ہے۔ بلی کو گھر سے بھگانے میں بھی اس ذات شریف کا ہاتھ بتایا جاتا ہے۔ لیکن اب اس امر پر بحث فضول ہے کیونکہ کمیٹی والے اسے پکڑ کر لے جا چکے ہیں۔ ہم نے موصوفہ کو کئی بار تیتر کے گوشت کے فضائل پر لیکچر دیے ہیں کہ مزیدار ہوتا ہے اور خون صالح پیدا کرتا ہے۔ ان کے باورچی نے بھی ہماری بات کی بارہا تائید کی ہے لیکن وہ ابھی تک متامل ہیں۔ اس وقت ان کی توجہ طوطے کو پڑھانے پر ہے۔ وہ تو حیوان کا حیوان ہی رہا لیکن موصوفہ کو بولتا سنتے ہیں تو کئی بار شبہ ہوتا ہے کہ میاں مٹھو بول رہا ہے۔

***

بٹیر کی نہاری

گزشتہ بدھ کی شام ہمارا صدر کے ایک نامی ریستوران میں جانا ہوا۔ بیرا لپک کر آیا۔ ہم نے پوچھا،"کیا ہے؟" بولا،"جی اللہ کا دیا سب کچھ ہے!" ہم نے کہا،"کھانے کو پوچھ رہے ہیں۔ خیریت دریافت نہیں کر رہے۔ کیونکہ وہ تو تمہارے روغنی تن و توش سے ویسے بھی ظاہر ہے۔" کہنے لگا،"حلیم کھائیے۔ بڑی عمدہ پکی ہے۔ ابھی ابھی میں نے باورچی خانے سے لاتے میں ایک صاحب کی پلیٹ میں سے ایک لقمہ لیا تھا۔"

"لیکن آج تو گوشت کا ناغہ ہے۔" بولا،"ہوا کرے۔ یہ مرغ کی حلیم ہے۔ آپ کھا کے تو دیکھیے۔ فوراً بانگ دینے کو جی چاہے گا۔"

"نہاری ہے؟"

"جی ہاں ہے، مرغ کی نہاری بھی ہے، بٹیر کی نہاری بھی ہے۔"

"بٹیر کی نہاری؟"

بولا،"جی ہاں اور اس کے علاوہ پدی کا شوربا بھی ہے۔ تیتر کے سری پائے ہیں۔ مسور کی دال کے تکے کباب ہیں۔ آپ کل آئیں تو بھینسے کے گوشت کا مرغ پلاؤ بھی مل سکتا ہے۔" ہم نے کہا،"بٹیر کی نہاری لاؤ فی الحال۔"

ہمارے ساتھ ہمارے ایک دوست تھے۔ دلی کے جیوڑے، نہاری آئی تو بولے، "میاں نلیاں تو اس نہاری میں ہیں نہیں۔ ہم لوگ جب تک نلیوں کو پیالی کے سرے پر بجا بجا کر نہ چوسیں مزا نہیں آتا۔" بیرا جانے کیا سمجھا۔ ایک طشتری میں خلال اٹھا لایا۔ ہم نے کہا، "میاں خلال تو کھانے کے بعد درکار ہوتے ہیں۔ کچھ تمیز ہے کہ نہیں۔" بولا، "حضور یہ خلال نہیں۔ نلیاں ہیں۔ بٹیر کی نلیاں ایسی ہی ہوتی ہیں۔ ویسے ہم آئندہ نلیوں کے شوقینوں کے لیے پلاسٹک کی نلیاں بنوا رہے ہیں۔ ناغے کے دن نہاری اور شوربے کے ساتھ پیش کی جایا کریں گی۔ گودا ان کے اندر آلوؤں کا ہوا کرے گا۔"

ہمیں معلوم نہیں کہ ہر چیز کا نعم البدل نکالنے والوں نے پلاسٹک کے بکرے بھی ایجاد کیے ہیں یا نہیں۔ ان کی ضرورت کا احساس ہمیں عید سے دو روز پہلے ہوا۔ وہ یوں کہ ہم دفتر جاتے برنس روڈ سے گزر رہے تھے۔ ایک جگہ دیکھا کہ ہجوم ہے۔ راستہ بند ہے۔ آدمی ہی آدمی۔ دنبے ہی دنبے۔ بکرے ہی بکرے! ایک بزرگ سے ہم نے پوچھا، "یہ کیا میلہ مویشیاں ہو رہا ہے۔ ہم نے اشتہار نہیں پڑھا اس کا۔ میلہ مویشیاں ہے تو ساتھ مشاعرہ بھی ضرور ہو گا۔ ایک غزل ہمارے پاس بھی ہے۔" بولا، "جی نہیں۔ یہ بزنس روڈ کی بکرا پیڑی ہے۔ لیجیے یہ دنبہ لے جائیے۔ آپ کے خاندان بھر کو پل صراط سے پار لے جائے گا۔"

ہم نے پوچھا، "ہدیہ کیا ہے اس بزرگ کا؟" بولے، "پانچ سو لے لوں گا۔" وہ

بھی آپ کی مسکین صورت پر ترس کھا کر۔ ورنہ چھ سو روپے سے کم نہ لیتا۔" ادھر سے نظر ہٹا کر ہم نے ایک اللہ لوگ قسم کے بکرے کی طرف دیکھا جو مارے ضعف اور ناتوانی کے زمین پر بیٹھا تھا۔ ہم نے کہا، "اس ذات شریف کے کیا دام ہوں گے ؟" اس کا مالک دوسرا تھا۔ وہ بھاگا آیا۔ بولا، "جناب آپ کی نظر کی داد دیتا ہوں۔ بڑی خوبیوں کا بکرا ہے۔ اس کی داڑھی پر نہ جایئے۔ ایک میمن گھرانے میں پلا ہے ورنہ عمر اس کی زیادہ نہیں۔ آپ سے دو چار سال چھوٹا ہی ہو گا۔" ہم نے کہا، "یہ چپ چاپ کیوں بیٹھا ہے۔ جگالی تک نہیں کرتا۔" بولے، "دانتوں میں کچھ تکلیف تھی۔ پوری بتیسی نکلوا دی ہے۔ خیال تھا مصنوعی جبڑا لگوانے کا۔ لیکن اتنے میں عید آگئی۔"

"کتنے کا ہو گا؟"

"دو سو دے دیجیے۔ اتنے میں مفت ہے۔"

ہم نے اپنی جیب کو ٹٹولا اور کہا، "سو روپے سے کم کی چیز چاہیے۔" بولے، "پھر آپ مرغ کی قربانی دیجیے۔ چوپایہ نہ ڈھونڈیے۔" اس سے کچھ آگے ایک کالا بکرا نظر آیا۔ کالا ہونے کی وجہ سے نظر بھی آگیا۔ ہم نے اس پر ہاتھ پھیرا لیکن اتنے میں ہوا کا جھونکا آیا اور یہ دور جا پڑا۔ ہم نے مالک سے کہا، "یہ بکرا ہے یا بکرے کا خلاصہ ؟" مالک نے کہا، "سائیں آج کل زمانہ ہی خلاصوں کا ہے۔ یہ تو خلاصہ ہے۔ ایسے ایسے بکرے آپ کو دکھاؤں کہ آپ ان کو گیس پیپر کہیں۔ جانور کا ست قرار

دیں۔ ہوا تیز ہے لہٰذا اپنی جیب میں ڈال رکھے ہیں۔"

ہم نے کہا، "دکھاؤ تو۔" انہوں نے جیب میں ہاتھ ڈالا اور مٹھی کھول کر کہا۔ یہ لیجیے۔ ہم نے کہا، "ہمیں تو نظر نہیں آتا۔" بولے، "قریب سے دیکھیے۔ جھک کے دیکھیے۔ سستا بھی ہے، چالیس روپے میں ہو جائے گا۔" ہم نے گھڑی دیکھ کر کہا، "اچھا کل سہی۔ اس وقت تو ہمیں دیر ہو رہی ہے۔" ان بزرگوں نے ایک مینڈھے کو شِشکارا کہ صاحب کو دیر ہو رہی ہے ذرا پہنچا آئیو ان کے دفتر۔ وہ سینگ جھکا کر ہماری طرف لپکا۔

جب کوئی چیز نایاب یا مہنگی ہو جاتی ہے تو اس کا بدل نکل ہی آتا ہے جیسے بھینس کا نعم البدل مونگ پھلی۔ آپ کو تو گھی سے مطلب ہے۔ کہیں سے بھی آئے۔ اب وہ مرحلہ آگیا ہے کہ ہمارے ہاں بکرے اور دنبے کی صنعت بھی قائم ہو۔ آپ بازار میں گئے اور دکاندار نے ڈبا کھولا کہ جناب یہ لیجیے بکرا، اور یہ لیجیے پمپ سے ہوا اس میں خود بھر لیجیے۔ کھال اس بکرے کی کیریلین کی ہے۔ اور اندر کمانیاں اسٹین لیس اسٹیل کی۔ مغز میں فوم ربڑ ہے۔ واش اینڈ ویر ہونے کی گارنٹی ہے۔ باہر صحن میں بارش یا اوس میں بھی کھڑا کر دیجیے تو کچھ نہ بگڑے گا۔ ہوا نکال کر ریفریجریٹر میں بھی رکھا جا سکتا ہے۔ آج کل قربانی والے یہی لے جاتے ہیں۔

رسالوں کا زمانہ گیا۔ اب ڈائجسٹوں کا دور ہے۔ لیکن ڈائجسٹ پڑھتے ہوئے مزا بٹیر کی نہاری کا ہی آتا ہے کہ بچارے کی جان گئی اور کھانے والے کو سواد نہ آیا۔

پھر زیادہ مصروف لوگوں کے لیے ڈائجسٹوں کے ڈائجسٹ نکلے۔ خلاصتہ الخلاصہ۔ خیر بہت سی کتابیں ہیں بھی اس قابل کہ محض ان کا استعمال کیا جائے۔ ہمیں تو کوئی کسی ناول کے پڑھنے کی سفارش کرے تو ہم پوچھتے ہیں کہ صرف اتنا بتا دو کامیڈی ہے یا ٹریجڈی؟ آخری باب میں باجے گاجے بجتے ہیں یا ہیرو ہیروئن کی قبر پر کھڑے ہو کر ٹسوے بہاتا ہے اور آسمان سے رحمت کے پھول برستے ہیں۔ بیچ کے مناظر سے ہمیں مطلب نہیں کیونکہ ان میں حد سے حد رقیب ہو گا۔ سو آخری سے پہلے باب میں اپنے کیفر کردار کو پہنچا ہو گا یا اس کے من کی آنکھیں کھل گئی ہوں گی یا جیل میں اکڑوں بیٹھا چنے کی دال سے جو کی روٹی کھا رہا ہو گا۔

ہمارے خیال میں اخباروں کے ڈائجسٹ بھی نکلنے چاہئیں کیونکہ کس کے پاس اتنا وقت ہے کہ بارہ بارہ چودہ چودہ صفحے پڑھے۔ لوگ تو بس توس کا ٹکڑا منہ میں رکھ، چائے کی پیالی پیتے ہوئے سرخیوں پر نظر ڈالتے ہیں۔ بڑا اخبار نکالنے کے لیے یوں بھی لاکھوں روپے درکار ہوتے ہیں۔ ہمارا ارادہ ہے کہ "سرخی" کے نام سے ایک روزنامہ نکالیں اور پبلک کی خدمت کریں۔ ہمارے پاس بنک میں پچاس روپے ہیں۔ شائد زیادہ ہی ہوں۔ اب اہل نظر سے سرپرستی کی درخواست ہے۔

اس اخبار میں مزاحیہ کالم کی جگہ صرف یہ لکھا ہو گا، "ہنسئے۔" ایڈیٹوریل کے کالم میں فقط ایک لفظ ہو گا، "روئیے۔" منڈیوں کے بھاؤ کا کالم بھی ہو گا لیکن وہ بھی ایک لفظی "لٹیے۔" ریلوں اور ہوائی جہازوں کے اوقات بھی ہم تفصیل سے نہ دیں

گے۔ ان کی جگہ فقط "جایئے" کا لفظ ہو گا۔ ڈائجسٹ نئی چیز نہیں۔ کسی نے پرانے زمانے میں حضرت یعقوبؑ اور یوسفؑ کے قصے کا خلاصہ بھی سرخیوں میں لکھا تھا، "پدرے بود۔ پسرے داشت۔ گم کرد۔ بازیافت۔" آپ خود ہی سوچیے اصل بات اتنی ہی تو ہے۔ زلیخا کے قصے سے کتنوں کو دلچسپی ہے۔

***

چند اشتہار

پچھلے دنوں کے قومی ابتلا میں جس سے جو کچھ ہو سکا، اس نے دیا۔ کسی نے پیسے دیے، کسی نے کپڑے دیے، کسی نے مشورے دیے کہ اپنی جگہ ان کی بھی بڑی قیمت ہے۔ جس کو لکھنا آتا ہے ان میں سے کسی نے چیک لکھا، کسی نے تعویذ لکھا، کسی نے ہماری طرح کالم لکھا، یا حاجی کشمیر والا کی طرح اشتہار لکھا اور زیور طبع سے آراستہ کرا دیا۔ ان دنوں ہماری ڈاک میں سے طرح طرح کے کتابچے، پمفلٹ، اشتہار بر آمد ہوئے۔ جن میں جنگ جیتنے کے طریقے بتائے گئے تھے۔ کچھ نظم میں، کچھ نثر میں، کچھ ادب لطیف میں، جو صورت میں نثر اور سیرت میں نظم ہوتی ہے۔ لکھنے والوں میں عابد بھی تھے، زاہد بھی تھے، ہشیار بھی تھے، خاندانی حکیم اور ڈاکٹر بھی تھے اور مایوس العلاج بیمار بھی تھے۔

قوم کا درد رکھنے والوں میں دو طرح کے لوگ ہم نے پائے۔ ایک جو آپ کو ملت میں بری طرح یعنی پوری طرح گم کر دیتے ہیں۔ اپنی ہستی کو مٹا دیتے ہیں۔ موج ہے دریا میں اور بیرون دریا کچھ نہیں، کے قائل ہوتے ہیں۔ دوسرے وہ جو اپنی خودی کو اسی طرح قائم رکھتے ہیں جیسے دال میں کوکڑو، کباب میں ہڈی وغیرہ۔

اس وقت ہمارے سامنے چار صفحے کا ایک ٹریکٹ ہے۔ جس کا عنوان ہے، "اے عظیم قوم آفریں۔" اس کے تین صفحات تو لکھنے والے نے، جو ایک ہومیو ڈاکٹر ہے، قوم کی نذر کیے ہیں۔ چوتھے پر کچھ اپنا خیال بھی رکھا ہے کیونکہ قوم آخر افراد ہی سے بنتی ہے۔ افراد نہ ہوں گے تو قوم کہاں سے آئے گی۔ پہلے تین صفحات کا مضمون وہی ہے جس سے آپ آشنا ہیں۔ اس میں،

بھنور سے لڑو، تند لہروں سے الجھو
نہیں شان مومن کنارے کنارے

وغیرہ قابل قدر اور ولولہ انگیز اشعار بھی ہیں اور ہمارے شاندار ماضی سے مثالیں بھی۔ تیسرے صفحے تک پہنچتے پہنچتے لکھنے والا (ہومیو ڈاکٹر رجسٹریشن نمبر ۲۳۲۸۶) دشمنوں کو للکارتا اور مومنوں کو پکارتا اس قسم کے اشعار پر آگیا ہے،

اے اہل ہند خوف سے تھراؤ ہمارے
ہم جوش میں آ کر نہ کہیں خون بہا دیں

بے شک ان اشعار میں وزن نہیں ہے اور اگر ہے تو کم ہے لیکن جنگ کے دنوں میں ریلوے والے تک ٹریول لائٹ یعنی کم وزن والے کو سفر کرنے کی ہدایت کرنے لگتے ہیں۔ یہ تو پھر شاعری ہے۔ چوتھے صفحے کی شان البتہ الگ ہے۔ اب جگر تھام کے بیٹھو مری باری آئی۔ قبلہ ہومیو ڈاکٹر صاحب نے چوتھا صفحہ شروع تو "عزیز ہم وطنوں" کی سرخی ہی سے کیا ہے اور آغاز میں فرمایا ہے کہ اس ہنگامی دور کا

تقاضا ہے کہ ہم میں سے ہر ایک اپنی جگہ دشمن کے لیے ناقابل تسخیر مورچہ بن جائے لیکن اس کے بعد مطلب کی طرف گریز کرتے ہوئے فرماتے ہیں، "ہمیں دشمن سے مقابلے کے لیے اپنی قوم میں زیادہ سے زیادہ صحت مند افراد کی ضرورت ہے۔ آپ کو کیا بیماری ہے اور کب سے ہے؟ آپ اپنی پہلی فرصت میں خاکسار کے الحمد شفاخانہ (شہر کا نام ہم نہیں لکھتے) سے علاج کرا کر تندرست ہو جائیے۔"

یعنی جو بات محمود غزنوی، غوری اور ابدالی کے حوالوں سے شروع ہوئی تھی، آخر میں ڈاکٹر صاحب قبلہ کی ذات والا صفات پر آکر ختم ہوئی۔ ہمارے لیے یہ اشتہار مصرع طرح کا حکم رکھتا ہے۔ کیونکہ خالی ڈاکٹر صاحب موصوف ہی نہیں، ہماری قوم میں درد دل رکھنے والے اور بھی لوگ موجود ہیں۔ درد دل سے ہماری مراد اس درد سے نہیں جس کی بنا پر ڈاکٹر صاحب کے الحمد شفاخانے سے رجوع کرنے کی ضرورت پڑے، بلکہ مراد جذبے سے ہے۔

تو بس لیجیے اب یہ پانی چلا۔

(ا) "میرے عزیز ہم وطنو! ہم اتنے سال سے آپ کو للکار للکار کر اپنے کینہ ور ہمسائے کے عزائم سے آگاہ کرتے رہے ہیں اور فلاح کا راستہ دکھاتے رہے ہیں لیکن آپ لہو و لعب میں پڑے رہے، کبھی ادھر توجہ نہ کی۔ اب تو آپ کی آنکھیں کھل گئی ہوں گی۔ اگر نہ کھلی ہوں تو ہمارے ہاں سے سرمہ نور چشم آشوب زمانہ وغیرہ کا شرطیہ علاج ہے۔ مسلسل استعمال سے عینک بھی چھوٹ جاتی ہے، بشرطیکہ لگی ہوئی

ہو۔ قیمت چھوٹی شیشی پانچ روپے، بڑی شیشی نو روپے، محصول ڈاک معاف۔

(۲) شریمتی اندرا گاندھی نے پاکستان پر زیادتی کرنے کا جو الزام لگایا ہے، اسے سن کر ہمیں بے اختیار ہنسی آئی۔ شریمتی جی خود آپ کا دامن جارحیت کے دھبوں سے آلودہ اور داغدار ہے۔ پہلے اس کی طرف توجہ دیجیے۔ یہاں بر سبیل تذکرہ ہم عرض کر دیں کہ جارحیت کے تو خیر نہیں، باقی ہر طرح کے داغ دھبے، پان کے، اچار کے، سیاہی کے، ہماری دلکشا لانڈری بڑا میدان ناظم آباد میں گارنٹی سے دور کیے جاتے ہیں۔ ڈرائی کلینگ کے علاوہ سوتی کپڑوں کی بکفایت دھلائی کا بھی معقول انتظام ہے۔ آزمائش شرط ہے۔ ۲۴ گھنٹے میں واپسی، پانچ روپے کے واؤچر پر ڈائری مفت۔

(۳) شری سورن سنگھ جی جنگ میں پہل کرنے کا الزام پاکستان کو دیتے ہیں۔ اس کا سلسلہ تارکین وطن سے ملاتے ہیں۔ یہ محض موشگافی ہے اور اس موشگافی کی حقیقت ہم سے بہتر کسے معلوم ہو گی۔ ہمارا خاندانی ہیر کٹنگ سیلون قیام پاکستان سے پہلے سہارنپور میں شہرت عام اور بقائے دوام حاصل کر چکا تھا۔ یہاں بھی خلیفہ امام الدین مضطر کی سرپرستی میں، جو ایک خوش گو شاعر بھی ہیں اور بے ضرر ختنے کے ماہر بھی، یہ خوش اسلوبی سے اپنے سرپرستوں کی خدمت کر رہا ہے۔ شیو، ہیر کٹنگ اور شیمپو کے دام مناسب لیے جاتے ہیں اور حمام کا بھی انتظام ہے۔

(۴) شکست و فتح تو قسمت سے ہے و لے میر۔ بھارت کو اپنی کامیابی پر اتنا بھی

نہ اترانا چاہیے اور یاد رکھنا چاہیے کہ اسے مسلمانوں کے ہاتھوں کھیم کرن میں جوتے پڑ چکے ہیں اور چند صدیاں پہلے پانی پت کے میدان میں جوتے پڑ چکے ہیں۔ خوبصورت جوتا انسان کی شخصیت کی دلکشی میں اضافہ کرتا ہے اور سستے اور پائیدار جوتوں کے رسیا ہمیشہ ہماری دکان قومی شو اسٹور سے رجوع کرتے ہیں، زنانہ مردانہ، طفلانہ ہر طرح کا مال موجود ہے۔ آزمائش شرط ہے۔

※ ※ ※

چند غیر ضروری اعلانات

۱۔ بس مسافروں کے لیے مژدہ

کراچی میں مالک ایسوسی ایشن بڑے فخر اور مسرت سے اعلان کرتی ہے کہ آج سے شہر میں تمام بسوں کے کرائے دگنے کر دیے گئے ہیں۔ امید ہے محب وطن حلقوں میں اس فیصلے کا عام طور پر خیر مقدم کیا جائے گا۔ کیونکہ اس سے بس مالکان کی آمدنی پر ہی نہیں، مسافروں کے معیار زندگی پر بھی خوشگوار اثر پڑے گا۔ ایسوسی ایشن ہذا، کرایوں میں اضافے کے علاوہ مسافروں کے لیے کچھ اور سہولتوں کا بھی اعلان کرتی ہے۔ مثلاً ہر بس میں جہاں فقط چالیس سواریوں کی گنجائش ہوتی تھی، اب اس سے تین گنا مسافروں کو جگہ دی جایا کرے گی۔ اس مقصد سے ہر بس کی چھت میں کنڈوں اور تسموں کا اضافہ کر دیا گیا ہے اور سیٹیں نکال دی گئی ہیں جو خواہ مخواہ کھڑے ہونے والوں کے گھٹنوں سے ٹکراتی تھیں۔

پبلک کی مزید آسانی کے لیے ہر بس کی چھت پر، پائیدانوں پر، مڈگارڈوں پر، انجن پر حتی کہ سائلنسر تک پر مسافروں کے بیٹھنے اور کھڑے ہونے کی گنجائش نکالی گئی ہے۔ ان خصوصی جگہوں کا کرایہ بھی کچھ زائد نہیں ہو گا۔ شرح ٹکٹ وہی رہے

گی جو اندر بیٹھنے کی۔ یعنی کھڑے ہونے اور لٹکنے والے مسافروں سے وصول کی جائے گی۔ آئندہ سے سب مسافروں کے حقوق بھی مساوی ہوں گے۔ یعنی ہر مسافر کو بس کو دھکا لگانے کا یکساں حق ہو گا حتی کہ آدھا ٹکٹ لینے والے بچوں اور بغیر ٹکٹ سفر کرنے والے معذوروں کو بھی۔ بسوں میں یتیم خانوں کے لیے چندہ اکٹھا کرنے والوں، اور کھٹی مٹھی گولیاں بیچنے والوں کو بھی یہ حق دینے پر اس میٹنگ میں غور کیا جارہا ہے جو کراچی ٹرانسپورٹ کا مسئلہ حل کرنے کے لیے کمشنر صاحب کے دفتر میں اگلے ہفتے ہو رہی ہے۔

۲۔ پانی بند رہے گا

ناظم آباد اور نارتھ ناظم آباد کے باشندوں کو مژدہ ہو کہ جمعے اور ہفتے کو ان کے گھروں کا پانی بند رہا کرے گا۔ یہ سہولت روزانہ تیئیس گھنٹے پانی بند رہنے کی سہولت کے علاوہ ہے۔ بعض مجبوریوں کی وجہ سے فی الحال ہفتے میں دو دن سے زیادہ پانی مکمل طور پر بند رکھنا ممکن نہیں۔ ناغے کے دنوں کی تعداد رفتہ رفتہ بڑھائی جائے گی۔ امید کی جاتی ہے کہ ماہ محرم کی آمد تک ہم ہفتے کے ساتوں دن پانی بند رکھنے میں کامیاب ہو جائیں گے۔

اس کے ساتھ ساتھ بلدیہ کراچی اور کے ڈی اے نہایت مسرت سے اعلان کرتی ہیں کہ اہل ناظم آباد کے ایک دیرینہ مطالبے کو تسلیم کرتے ہوئے اس علاقے

کے واٹر ٹیکس میں فوری طور پر تین سو فیصدی اضافہ کیا جا رہا ہے۔ آگے چل کر اس میں اور بھی اضافہ کرنے کی کوشش کی جائے گی لیکن کے ڈی اے اور بلدیہ کے روز افزوں وسائل اور محدود اخراجات کو دیکھتے ہوئے فی الحال اس کی قطعی طور پر ضمانت نہیں دی جا سکتی۔ علامہ اقبال ٹاؤن نارتھ ناظم آباد کے پارک میں کامیاب تجربے کے بعد شہر کے دوسرے پارکوں کا پانی بھی بند کیا جا رہا ہے تاکہ زمین بھر بھری ہو جائے اور کتے آسانی سے اس میں لوٹ لگا سکیں۔

۳۔ آپ کا اپنا اسکول

انٹر نیشنل انگلش آکسفورڈ اسکول آپ کا اپنا اسکول ہے جو تعلیم کے جدید ترین اصولوں پر کھولا گیا ہے۔ چند خصوصیات،

۱۔ فیس کا معیار نہایت اعلیٰ۔ شہر کا کوئی اور اسکول فیس کے معاملے میں ہمارے اسکول کا مقابلہ نہیں کرتا۔ انواع و اقسام کے چندے اس کے علاوہ ہیں، جن کی تفصیل پرنسپل صاحب کے دفتر سے معلوم کی جا سکتی ہے۔

۲۔ اساتذہ نہایت محنتی، ایماندار اور قناعت پسند جن کو بیش قرار تنخواہوں پر رکھا گیا ہے۔ عام ٹیچر کی تنخواہ بھی ہمارے ہاں میونسپل کارپوریشن کے جمعدار سے کم نہیں اور پرنسپل کا مشاہرہ تو کسی بڑی سے بڑی غیر ملکی کمپنی کے چوکیدار کی تنخواہ سے بھی زیادہ ہے۔

۳۔ چھٹیاں، چھٹیوں کے معاملے میں بھی ہمارا اسکول دوسرے اسکولوں پر فوقیت رکھتا ہے۔ ہر ماہ فیس جمع کرانے کے دن کے علاوہ قریب قریب پورا سال چھٹی رہتی ہے۔ جو والدین سال بھر کی فیس اکٹھی جمع کرا دیں، ان کے بچوں کو فیس کے دن بھی حاضری دینے کی ضرورت نہیں۔

۴۔ ماحول، اسکول نہایت مرکزی اور پر رونق جگہ پر واقع ہے اور شہر کا سب سے قدیمی اوپن ایئر اسکول ہے۔ یہاں طلباء کو مناظر فطرت سے محبت کرنا سکھایا جاتا ہے۔ بالکل سامنے ایک سینما ہے اور ایک سرکس۔ ایک بغل میں موٹر گیراج ہے اور دوسری طرف گڑبا غیچہ، جس کی کھاد سارے شہر کو ہر ابھرا رکھنے کی ضامن ہے۔ پروفیسر کیوی کے اصول کے مطابق یہاں پڑھائی کتابوں سے نہیں کرائی جاتی بلکہ کسی اور طرح بھی نہیں کرائی جاتی تاکہ طالب علم کے ذہن پر ناروا بوجھ نہ پڑے۔

۵۔ نتیجہ، اسکول کا نتیجہ کم از کم سو فیصد رہتا ہے۔ کئی بار تو دو ڈھائی سو فیصد بھی ہو جاتا ہے۔ کوئی شخص خواہ وہ طالب علم ہو یا غیر طالب علم، اس اسکول کے پاس سے بھی گزر جائے تو پاس ہوئے بنا نہیں رہ سکتا۔ طالب علموں پر امتحان میں بیٹھنے کی کوئی پابندی نہیں۔ سب کو گھر بیٹھے کامیابی کی سندیں بھیج دی جاتی ہیں۔

* * *